グローバルキャリア
のすすめ

プロフェッショナル講義

関西学院大学総合政策学部 ［発行］

小西 尚実 ［編著］
西野 桂子
村田 俊一
井上 一郎
坂口 勝一
小池 洋次

関西学院大学出版会

グローバルキャリアのすすめ

プロフェッショナル講義

はじめに

　本書は、関西学院大学総合政策学部で教鞭を執る実務家教員のグローバルなキャリアや経歴を記したライフヒストリーを"プロフェッショナル講義"としてまとめたものです。本書の著者である6名は、国際協力、外交、国際ジャーナリズムなど、それぞれの専門分野において長く海外でキャリアを築き、現在は関西学院大学総合政策学部で、教育と専門分野の研究に従事しています。我々教員は、日々学生たちと向き合うなかで強く感じていることがあります。それは、未来へと広がる学生たちのキャリアを、継続的に支援する必要があるのではないか、ということです。近年、グローバルな環境で活躍することを志す意欲ある学生が増えました。国際社会で必要となる知識は膨大です。実践的な能力開発を、いかに大学の授業でおこなうか、どのように指導するべきなのかを常に考えています。

　1995年の学部開設以来、関西学院大学総合政策学部は、国連をはじめとする国際機関との連携を深め、グローバル人材育成に向けてのさまざまな取り組みをおこない、国際問題に関心を持つ多くの学生たちを支援し海外に派遣し続けています。国際社会の現場を知る教員のもとで、理論と実践の両面から国際社会における政策課題をとらえ、現場で実務能力を発揮できる人材を育成するための少人数精鋭の教育プログラムGCaP（Global Career Program）を2014年度に導入し、2016年度に初めてのプログラム修了生を輩出しました。GCaPの概要は巻末に掲載していますのでご参照ください。GCaP修了生たちが、さらなる経験を積み、いずれ国際社会の現場でプロフェッショナルとして活躍することを願っています。

グローバルキャリアへの扉

　本書が目指したのは、グローバルなキャリアで求められる資質を明らかにし、個人の「働き方」と「生き方」がどう関連しているのか、どのような人生を歩んでいるのか等、まさに個人のライフヒストリーを共有することです。各教員のライフヒストリーは、貴重なノウハウ、いわば財産ともいえる

でしょう。日本人として世界を舞台に生きるためのヒントが満載です。プロフェッショナルとしてさまざまな形で世界と関わるケーススタディであり、また若者の良きロールモデルになり得ると考えています。このような情報に事前に触れることができたか否かによって、キャリアのファーストステップはまったく違うものになります。さらに、著者たちのライフヒストリーを読みながら、読者の皆さんがグローバルイシュー（地球規模の課題）や国際社会における日本の課題を理解し、その重要な基本となる考え方や基礎的知識に関しての理解を深めるきっかけにしてもらいたいと思います。

　著者たちは、グローバルなキャリアを実践し、各々の経験に基づいた実学と専門的な見地から、読者の皆さんへ伝えたい熱いメッセージをこの本に込めています。次世代を担う若者を育てたいという思いは皆同じです。日頃教壇では見られない一面も垣間見ることができるでしょう。本書が、多くの若者に気づきを与え、広い視野で自身の可能性を広げ、将来像を描き前進するきっかけになれば幸いです。

　また、本書で取り扱う内容は、CSR（Corporate Social Responsibility、企業の社会的責任）や社会起業など、さまざまな分野でのプロジェクトマネジメントにも深く関連しています。国際的な職場でプロフェッショナルとして活躍を望むビジネスパーソンにとっても、本書がグローバルなキャリアへの扉を開くための一助になれば幸いです。さらに、近年盛んに高等学校などで実施されているグローバル人材育成プログラムの設計や運営に関わっている学校関係者にとっても有益な情報を与えるものであると考えます。本書を通して、読者の皆さんがたくさんの刺激を受け、国境にとらわれない考え方や働き方、生き方を理解し、いずれ日本や世界を変える力を発揮してもらいたいと願っています。

　多くの学生と関わるなかで、グローバルな視点でのキャリア形成や生き方の参考となる実務書を出版したいと長らく構想していました。今回、学部教員のキャリアを書籍として出版するという学部としては新たな取り組みにご助言をいただき、出版までの道のりを先導してくださった総合政策学部高畑由起夫先生、総合政策学部長細見和志先生、そして関西学院大学出版会田中直哉様、松下道子様に、この場を借りて感謝の意を申し上げたいと思います。

国際社会はますます多様化し、グローバルな職場は日々変化しています。そこで必要とされる基本的知識や実践能力を教育の場でどのように学生に教えるべきか、私たちの挑戦はこれからも続きます。

　著者を代表して

小西尚実

目　次

はじめに　i

第1章　国際協力の35年
──政策から草の根の現場まで　　西野桂子　1

第2章　開発援助の現場から
──開発実践者のディレンマ　　村田俊一　35

第3章　国際機関の人材開発
──世界で活躍するための心得　　小西尚実　67

第4章　外交の仕事は面白い
井上一郎　99

第5章　国際金融の舞台裏
──IMFとアジア開発銀行の経験　　坂口勝一　131

第6章　メディアと世界
小池洋次　165

資料　関西学院大学総合政策学部 Global Career Program（GCaP）について　199

第1章

国際協力の35年

——政策から草の根の現場まで

西野桂子

国際基督教大学（ICU）で国際法・国際関係論を専攻し、1978年教養学部卒業。米国ジョンズホプキンス大学高等国際問題研究大学院（SAIS）修士課程修了（国際関係学・カナダ研究）。1981年3月、国連児童基金（UNICEF）ダッカ事務所でアシスタント・プログラム・オフィサーとして国際協力のキャリアをスタート。1985年9月にニューヨーク本部に異動、リクルートメント・スタッフディベロップメント・オフィサーとして1990年まで勤務。帰国後、国際開発高等教育機構（FASID）勤務を経て、1991年グローバルリンクマネージメント株式会社を設立し、専務取締役に就任するとともに開発コンサルタントとして政府開発援助（ODA）の調査研究・実施に携わる。2002年に国際協力塾・ジーエルエム・インスティチュート（NPO）を設立し、代表に就任。国際協力の人材育成を目標に、国内外でプロジェクトを実施。2013年より関西学院大学総合政策学部国際政策学科教授に就任。国際関係論や開発学関連科目を担当。2015年から財務省関税・外国為替等審議会委員、2016年より関西学院大学大学院国連・外交プログラム室副室長を務める。

1　21世紀の開発目標

　2016年、世界は貧困削減を究極の目標としたミレニアム開発目標（Millennium Development Goals; MDGs）の時代から、持続可能な発展（Sustainable Development Goals; SDGs）を目標とする時代に移りました。20世紀最後の年である2000年に、ニューヨークで開かれた国連ミレニアム・サミットで、国連に加盟している193カ国の首脳たちが21世紀の地球に向けて宣言した「ミレニアム宣言」と1990年代に開催された多くの国際会議などで合意した開発目標を合わせて、「ミレニアム開発目標」ができました。ミレニアム開発目標は、①極度の貧困と飢餓の撲滅、②普遍的な初等教育の達成、③ジェンダーの平等の推進と女性の地位向上、④幼児死亡率の引き下げ、⑤妊産婦の健康状態の改善、⑥HIV/エイズ、マラリア、その他の疾病のまん延防止、⑦環境の持続可能性の確保、⑧開発のためのグローバル・パートナーシップの構築という8つの目標（ゴール）と21の具体的なターゲットから成り立っていました（図1-1）。ミレニアム開発目標の功績は、国連に加盟しているすべての国々が同じ目標に向かって努力することに同意したことです。8つの目標がわかりやすく、人類の発展のために必要不可欠なも

図1-1　MDGsの8つの目標（出典：blogs, world bank org）

のであったからかもしれません。ミレニアム開発目標のもう一つの特徴は、
「途上国に頑張ってもらうのを先進国が支援する」という意味合いが強い点
でした。目標の①から⑦はすべて途上国の努力目標でした。

　達成期限の 2015 年に向けて、世界各国がそれぞれの目標に向かって努力
を続けた結果、表 1-1 の通り、1990 年と比較して 2015 年の世界は少し前進
したといえます。

　ミレニアム開発目標だけではなく、アジアやアフリカ諸国の経済成長とグ
ローバリゼーションが進んだおかげで、世界は大きく変わりました。イン
ターネットの発達は目覚ましく、世界中どこにいても情報共有が可能です。
国連によると、「インターネットの普及率は、2000 年に世界人口の 6% だっ

表1-1　ミレニアム開発目標の達成度（抜粋）

目　　標	ターゲット	1990年	2015年
①極度の貧困と飢餓の撲滅	開発途上国における極度の貧困比率	47%	14%
	極度の貧困に暮らす人々の数	19億2600万人	8億3600万人
②普遍的な初等教育の達成	小学校の純就学率	83%	91%
③ジェンダーの平等の推進と女性の地位向上	農業以外で賃金労働につく女性の割合	35%	41%
④幼児死亡率の引き下げ	5歳未満の子どもの死亡数（1,000人あたり）	90人	43人
⑤妊産婦の健康状態の改善	妊産婦死亡率（出産10万対）	380人	210人
⑥HIV/エイズ・マラリア、その他の疾病のまん延防止	マラリアの罹患率（感染地域1000人あたり）	147人（2000年）	92人（推計値）
⑦環境の持続可能性の確保	水道水が飲める人	23億人	42億人
⑧開発のためのグローバル・パートナーシップの構築	ODAの額	810億ドル（2000年）	1,350億ドル（2014年）

United Nations（2015）"The Millennium Development Goals Report"（国連広報センター『国連
ミレニアム開発目標報告 2015、MDGs 達成に対する最終評価』）を参考に筆者作成。MDGs の日本
語訳は UN と外務省で少し異なります。本書では国連広報センター訳で統一します。

たのが、2015年には43%まで増加し、32億人がグローバル・ネットワークとつながった」と報告されています（国連広報センター，2015）。ただし、デジタルディバイドという言葉が生まれたように、インターネットの情報にアクセスできる人とそうでない人の差が生まれました。日本国内でも、パソコンやタブレット、スマートフォンの操作ができないと、Webの閲覧ができません。最近、「詳しくはWebで」という言葉を多く耳にしますが、Webへのアクセスができないと、情報がそこで途絶えてしまいます。インターネットに接続するには、パソコンやタブレットなどの機器だけでなく、充電するための電気やプロバイダーへの接続が必要です。現在、インターネットに接続している人口が32億人ならば、2014年の世界人口72億6,500万人中（UN, 2015）、40億6,500万人はインターネットから情報を得られていないことになります。

教育を受けられる人とそうでない人、安全な水が飲める人とそうでない人、安全に子どもを産める人とそうでない人、働いて収入を得ることができる人とそうでない人など、世界の発展から少しずつ取り残された人々がでて

図1-2 持続可能な開発目標（SDGs）（出典：国連広報センター，unic.or.jp）

第1章　国際協力の35年

Column　途上国と先進国

　世界銀行は、2016年の世界開発指標（World Development Indicators）から、開発途上国（Developing Countries）と先進国（Developed Countries）を区別しないと発表し、議論を呼んでいます。「もともと定義があいまいだったし、SDGs の目標は全世界の国々が達成しなければならない目標であるから、区別する必要がない」のでは、というのがその理由です。また、経済協力開発機構（OECD）の開発援助委員会（DAC）は、政府開発援助の受益国リストを発表していますが、2014年度のリストには、中国やブラジルを含む146カ国が掲示されています。なお、OECD は別名、先進国クラブと呼ばれ、現在のメンバーは日本を含む35カ国です。

参考資料
World Bank, The Data Blog
　　　　〈https://blogs.worldbank.org/opendata/2016-edition-world-
　　　　development-indicators-out-three-features-you-won-t-want-miss〉
OECD, DAC List of ODA Recipients
　　　　〈http://www.oecd.org/tokyo/about/members.htm〉

きました。さらに、内戦やテロが続くイラクやシリアのように、生活の質が以前より大きく悪化している国もあります。2016年からの15年間は、「誰一人取り残さない」というメッセージを強く打ち出し、国と国との格差、そして国内の格差をなくしつつ、持続可能な発展を目指す17の目標を掲げています（図1-2）。

　21世紀の世界はこのようになっていますが、私が国際協力の世界に飛び込んだ1980年代の事情はかなり違っていました。

5

2 ユニセフとバングラデシュ

大統領の暗殺と戒厳令

　私が初めてバングラデシュのダッカ空港に降り立ったのは、1981年3月のことでした。バングラデシュでは1971年に独立したとき、激しい内戦が起こりました。ジョージ・ハリソンやボブ・ディランなどのスーパースターが "Concert for Bangladesh" をニューヨークで開催し、疲弊して飢餓に苦しむバングラデシュの人々を助けようとしたこと、そして日航機のハイジャック事件[1]などからその地名を聞いたことがあるだけで、「すごく大変な所だろうな」という程度のイメージでした。国連児童基金（ユニセフ）の職員として赴任した当時の私は25歳、大学院で修士号を取得したばかりで職務経験もなく、右も左もわからない「新入社員」でした。こわごわと降り立った空港ビルを一歩出ると、それまで見たことのないほど痩せて異様に目が鋭い人たちに取り囲まれ、身動きが取れない状態になりました。持っていたハンドバックやスーツケースが奪われそうになり、必死でもがいているところを迎えに来たユニセフの運転手に助けられました。ホテルはインターコンチネンタルだったので、ある程度のレベルを想像していましたが、部屋の中でネズミを見たときには、「明日の便で日本に帰ろう」と心に固く誓ったものです。でも、住めば都とはよく言ったもので、その日から4年半、バングラデシュに住むことになりました。

　なぜ未経験の私がバングラデシュに送られたのでしょう？　この本を読んでいる皆さんは、外務省のJPO制度を聞いたことがあるかもしれません。JPOとは Junior Professional Officer の略で、経験の少ない日本の若者に国連職員として経験を積ませるために、日本政府がお金を出して派遣する制度です。日本の雇用制度は大学卒の若者を役所や企業が一斉に雇用し、組織内で育てていくシステムです。国際機関はアメリカの雇用システムに似て、その仕事（ポストと呼びます）を遂行するのに必要な学歴と職歴、経験をもつ

---

1)　1977年9月28日に、フランスのパリ発、東京国際空港（羽田）行きの日本航空472便が、経由地のムンバイ空港を離陸直後、武装した日本赤軍グループ5名によりハイジャックされ、ダッカ空港に着陸した事件。

第1章 国際協力の35年

人物を採用します。大学院を出たばかりの私など、どんなにあがいても雇ってくれません。国際機関で働く日本人を増強したい日本政府は、国際機関に応募するために必要な最初の2年間をサポートしてくれたわけです。現在JPOに応募するには、①国際機関の業務に関連する分野の修士号と、②国際機関の業務に関連する分野において2年以上の職務経験が必要と、かなり厳しくなっていますが[2)]、当時は未経験でも応募できました。

　時々、「職務経験がないのに、バングラデシュでどんな仕事をしたのですか?」と聞かれることがあります。最初に取り組んだことは、バングラデシュの状況を日本に向けて発信することでした。いまだとフェイスブックやツイッター、ホームページなどいろいろな発信方法がありますが、当時は何もありません。現状を理解してもらうにはとにかく映像が必要ということで、「バングラデシュの女たち」というドキュメンタリーを作ることになりました。最初の上司はタイ人のジャーナリストでした。そのスパチャイさんの指導のもと、現地のフィルムメーカーと一緒に脚本を書き、ダッカから2時間ほどの村で撮影をしていた5月のことです。急に村の中がざわざわしてきました。一緒にいたクルーも何が起こったのか不安げでした。しばらくしてわかったのが、チッタゴンというバングラデシュ第2の都市で、当時の大統領、ジアウル・ラーマン氏が未明に暗殺されたというニュースがラジオから聞こえてきました。「さあ大変」。撮影などしている場合ではありません。クルーとともに車に飛び乗り、ダッカを目指して猛スピードで走りだしました。我々が恐れたのは、戒厳令によるダッカの封鎖でした。やっとのことでダッカ市内に戻った直後、戒厳令が敷かれ、市内は軍隊に制圧され、自宅から一歩も出られない状態が続きました。間一髪のタイミングでした。

女性と識字

　いまダッカを訪問すると、女性たちが元気に活躍しているのを見ることが

---

2)　詳しくは、外務省国連人事センターホームページを参照〈http://www.mofa-irc.go.jp/jpo/〉。

7

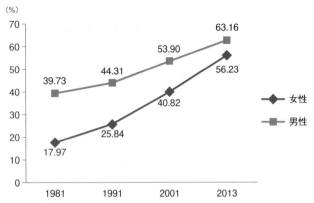

図 1-3　バングラデシュ成人識字率の変遷（15歳以上人口）
index mundi〈http://www.indexmundi.com//bangladesh/literacy-rate〉のデータをもとに筆者作成。

できます。農村でもテレフォン・レディ[3]などの新しい仕事が生まれており、女性たちが堂々と村の中を歩いていると思います。しかし、当時のバングラデシュ、とくに農村の女性の地位は私の想像を絶するものでした。

　図 1-3 は、バングラデシュの識字率の変遷です。1981 年当時の人口は 8,360 万人[4]（index mundi.com）で、図 1-3 で示す通り、成人識字率は女性約 18％、男性約 40％ という状態でした。農村に行くと、女性の識字者は 1 割以下でした。字が読めないということを、皆さんは想像できるでしょうか？ 自分の名前が書けないとはどういうことでしょうか？ アイデンティティを認識できないということです。皆さんの中にはノーベル平和賞を受賞したモハムド・ユヌス氏の名前を聞いたことがある方もいらっしゃるでしょう。経済学者のユヌス氏が少額のお金を貧しい人たちに貸すことから始めたのがグラミン銀行です。現地の言葉（ベンガル語）でグラムとは村のことで、グラミン銀行とは村の銀行という意味です。1976 年に 10 名（男性 8 人、女性 2 人）

---

3)　グラミングループの1つ、グラミンテレコムは、女性たちの新たな雇用と農村の人々に電話サービスを提供するために、「テレフォン・レディ」のしくみをつくりました。農村の女性は、グラミン銀行からローンを借り携帯電話を購入。電話を使いたい村人に携帯電話を貸して、利用料金からローンと通信料を差し引いた額がテレフォン・レディの収入となります。
4)　2015 年の人口は 1 億 6,099 万人。

表1-2　グラミン銀行と従来銀行の違い

	グラミン銀行	従来銀行
対　　　　象	貧困層	中間層以上
借手の性別	女性が中心	男性が中心
業務の場所	農村部中心	都市部中心
貸　付　額	少額	高額取引を好む
業 務 形 態	銀行員が顧客の所に出向く	顧客が銀行に行く
担　　　　保	不要	必要
信　　　　用	将来への期待	過去の実績

坪井（2006）、ユヌス（2010）などを参考に筆者作成。

のメンバーで始まったグラミン・バンク・プロジェクトは、1983年にはメンバー数が5万8000人に達し、政府が60％、メンバーが40％の株を持つ特殊銀行として正式に発足しました（坪井, 2006）。グラミン銀行は、表1-2に示す点でバングラデシュの従来銀行と違っていました。

　女性に融資するということは、家族の生活が良くなることです。子どもたちに少しでも栄養のあるものを食べさせたい、少しでも教育を受けさせたい、それが村の女性たちの願いでした。ただ、そこに大きな問題がありました。女性たちは自分の名前が書けなかったのです。グラミン銀行の活動は女性たちの識字教育と銀行員への教育から始まり、ユニセフも協力することになりました。文字を書いたことがない女性たちが、何度も何度も練習をして、やっと自分の名前が書けるようになり、融資の意味を理解し、お金を手にしたときの表情は自信に満ち溢れていました。最初はゴザ、ウチワ、鶏など、身近なものを売ってわずかな収入を得ていた女性たちは、いまでは携帯電話を貸して収入を得ています。貧しい人々、とくに女性に少額の融資をおこない生活改善につなげるというモデルは、グラミンモデルと呼ばれ、アメリカを含め、全世界に広がっています。最近では、貧困人口が増えている日本への導入も提案されています（菅, 2014）。

　バングラデシュの女子教育が加速したのは、1990年代です。このきっか

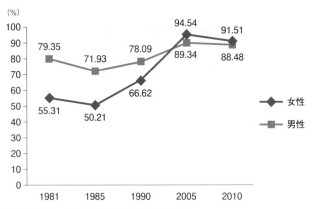

図1-4 バングラデシュ初等教育純就学率の変遷

index mundi〈http://www.indexmundi.com/facts/bangladesh/school-enrollment〉のデータをもとに筆者作成。

けになったのは、タイのジョムティエンで開催された「万人のための教育 (Education for All; EFA) 世界会議」です。この会議は、ユネスコ (UNESCO)、ユニセフ (UNICEF)、国連開発計画 (UNDP)、世界銀行などの国際機関が主導した世界会議で、155の政府代表団や100以上のNGO、30以上の国際機関がタイに集まり、初等教育へのアクセスと修了が2000年までに達成されることを『万人のための教育世界宣言』として発表しました。また、教育を受ける権利は万人の「基本的人権」とし、基礎教育普及は国際社会の責務であるとしました（櫻井, 2012）。

　バングラデシュ政府はEFA会議の直前に法律を制定し、初等教育を義務化しました[5]。その結果、女子の初等教育就学率は1981年の55%から、2010年には91%を超えました。

　1人当たりの国民総所得をみると、1981年は220ドルでしたが、2010年は780ドル、2014年には1,080ドル[6]に増加しています。経済成長にはいろいろな要因があげられますが、女性の教育と社会進出がその一因となってい

---

5) Bangladesh Primary Education (Compulsory) Act, 1990, Act No. 27.
6) GNI per capita, Atlas method (current US$)〈http://www.indexmundi.com/facts/bangladesh/gni-per-capita#NY.GNP.PCAP.CD〉

ることは間違いありません。バングラデシュで勤務できたおかげで、ジェン
ダー[7]やマイクロファイナンスの分野を深く学ぶことができました。

バングラデシュの生活

オン・ザ・ジョブ・トレーニング（OJT）という言葉を聞いたことがあり
ますか？　仕事を通じて新しい分野や技術を学んでいくことです。バングラ
デシュでの私は、毎日がOJTでした。仕事の経験がないままJPOになった
ことはお話ししましたが、専門分野もかなり異なっていました。私が大学と
大学院で研究したのは、国際関係論、国際法、国際政治・経済、カナダ研究
などでした。しかしながら、ダッカで必要だったのは、教育、保健・衛生、
栄養、ジェンダーなどの知識です。仕事をしている以上、「知りません」と
は言えません。上司に教えを請いながら、猛勉強の日々が続きました。ただ
都合が良かったのは、当時のダッカにはテレビも、DVDも、インターネッ
トもありません。仕事が終わって遊びに行く場所もありません。若者には辛
い環境ですが、勉強には最適の環境でした。

もう1つ打ち込んだのは「音楽」でした。ダッカステージというグループ
があり、一年に一度、ブリティッシュ・カウンシルの講堂を借りて、ミュー
ジカルを披露するのです。演目はかなり本格的で、私が出演した3年間だけ
でも「南太平洋」[8]、「三文オペラ」[9]、「ペンザンスの海賊」[10]という演目でし
た。私はオーケストラの一員（フルート）でしたが、歌手、ダンサー、大道
具、小道具、照明、衣装、演出など、すべてダッカ在住の素人だけで1年か
けて準備しました。このグループのおかげで、いろいろな国の外交官、学校
の先生、国連やJICA関係者、ダッカ大学の教職員などと友だちになること
ができました。ダッカステージからスピンオフして、バイオリンのアメリカ
人（米国国際開発庁の職員）、ビオラのスイス人（スイス開発協力庁の職員）、
チェロのドイツ人（ドイツ国際協力公社の専門家）と私の4人でカルテット

---

7)　当時はWomen In Development（WID）とよんでいました。
8)　ハマースタイン2世とローガンによるブロードウェイミュージカル。
9)　ブレヒトとヴァイルによる音楽劇。「マック・ザ・ナイフ」の歌で有名。
10)　ギルバートとサリバンによるオペレッタ。

を組み、室内楽を楽しみました。バングラデシュはイスラム教国ですが、ダッカにあるアルメニア教会の修復を助けるため、その教会でチャリティコンサートをしたことがあります。楽譜を見るため、発電機を持ち込み、暑さや虫と戦いながら演奏したモーツアルトでした。スポーツでも、音楽でも、何か打ち込めるものがあると、途上国の生活が一段と楽しくなります。

当時のダッカと現在のダッカで大きく異なるのは、通信手段でしょう。当時ユニセフは、専用の外交パウチ（袋）という通信手段を使っていました。要するに本部があるニューヨークとダッカの間で郵便を入れた袋が定期的に往復するシステムです。仕事上の書類や手紙が往復するのに3〜4週間かかったと想像できますか？ いまでは、時差も関係なくメールやスカイプで仕事が舞い込んできます。便利になったとはいえ、何かを失ったような気がします。

もう1つ、当時といまの生活で大きく異なるのは、ペットボトルの発明でしょう。いまでは、世界中どこに行っても、ペットボトルの水が売っています。それが、どんなにありがたいことかわかりますか？ バングラデシュのような途上国では水道の水も安全ではありません。当時は、水道の水をろ過し、煮沸したものを飲んでいました。フィールド（農村部への出張）に行くときは、煮沸した水を煮沸消毒した空き瓶に詰めて持って行きましたが、とにかく暑いバングラデシュのことです。すぐ、飲み終わってしまいます。井戸水を前に、この一時の渇きを癒して今夜からの下痢に苦しむべきか、それとも我慢して飲まざるべきか、シェークスピアのように自問自答したことが何度もありました。

バングラデシュで4年半仕事をした後、ニューヨーク本部の人事部に異動しました。国連の場合は、空席情報に基づき、内部者であってもそのポストに応募するという手続きを経ます。少しは経験がつきましたが、20代後半の私が応募できるポストは少なく、インドネシアのプログラム・オフィサーとニューヨーク人事部のリクルートメント・オフィサーのポストに応募し、ニューヨークに決まったわけです。人事部では、リクルートを中心に担当しました。リクルートで学んだことは、第5節でお話しします。

3　政府開発援助（ODA）とコンサルタント

ライジング・サン

　ニューヨークの生活を満喫し、国際公務員としての仕事にも慣れたころ、海の向こうの日本は旭日のように輝いていました。ニューヨークの象徴であるロックフェラーセンターを三菱地所が買収し、ニューヨーク市民の猛反発を受けるなか、「日本で働くってどんな感じだろう？」という気持ちが芽生え始めました。

　「ユニセフをやめて日本で働いてみようかな？」と相談すると、「You must be crazy!（頭がおかしいんじゃない!）」というのが、同僚の総意でした。イラン人の上司（女性）は日本の雇用体系のことをよく知っていて、「現在の日本では女性は男性と同等に扱われていないから、実力が発揮できない」と心配してくれました。お世話になった国連日本政府代表部や外務省の国連人事センターの方々からは、「せっかく一人前の国際公務員になりかけているのだから、よそ見をせずに続けなさい」と叱られました。

　それでも、日本をベースに仕事をしてみたいという気持ちが日に日に強くなり、1 年間の無給休暇をとって、日本に帰ってみることにしました。同僚たちは「私がすぐ逃げ帰ってくる」と賭けていたようですが、そこはバングラデシュのときと同じだったようです。

FASID との出会い

　熊本の実家でごろごろしていたとき、一本の電話がありました。国際開発機構[11]（FASID）という新しい組織ができ、国際開発の経験者を探しているという電話でした。FASID の設立目標は「開発援助人材の育成」で、国際開発大学院構想の中から生まれたという説明でした。「日本の政府開発援助（Official Development Assistance; ODA）を向上させ、もっと世界に貢献したい」という熱意が伝わってきました。面白そうなので、やってみることに

---

11)　私が働いていたときは、財団法人国際開発高等教育機構という旧名称でした（p. 1 参照）。

しました。設立当初の FASID は新宿 2 丁目にあり、出勤や帰宅時にさまざまな職業の人たちとすれ違うという人生勉強ができました。多様性に富む環境で、「日本の ODA を良くするにはどうしたらよいか」を一生懸命に模索するとても楽しい日々でした。

　日本の ODA を良くするには「計画・実施・評価」という一連のサイクルを回すツール（手法）が必要だという結論に達し、ドイツの国際協力公社（GTZ）が開発したというプロジェクト管理手法（ZOPP）[12]を勉強に行くことになりました。派遣された 4 名はフランクフルト近郊にある GTZ の研修所で ZOPP の特訓を受けました。帰国後 FASID のメンバーとともに日本のODA に合わせてプロジェクト・サイクル・マネージメント（PCM）の方法論を構築し、研修を開始しました。最初の数回は、ドイツから講師を招きPCM 研修を英語でおこなっていましたが、国際協力機構（JICA）のプロジェクト管理システムに導入してもらうためには、日本語の教材と研修が必要です。ドイツ人講師の研修方法を学びながらも、日本の援助文化に合わせて現在の PCM 研修の基盤を作り、勇んで JICA に売り込みに行きました。PCM手法研修の構築はとても楽しい作業であったため、ニューヨークに帰るのを忘れてしまいました。この時期に学んだのはコミュニケーションとプレゼンテーション（研修）手法、ロジカルシンキング（論理的思考法）、そして評価の知識です。この 4 つは人生の大きな糧となりました。

開発コンサルタントデビュー

　2016 年 7 月にダッカで衝撃的なテロ事件が起こりました。私が 4 年半住んでいたグルシャン地区にあるレストランでテロが起こり、日本人 7 名を含む 20 人の命が奪われました。お亡くなりになった方々の職業は、日本のODA 事業に携わる開発コンサルタントです。いろいろな専門がありますが、この方々はダッカの交通システムの改善に携わっていたと聞いています。親日国のバングラデシュ、以前住んでいた自宅の近くで、かつての同業者が巻き込まれたテロ事件にしばらく立ち直れないほどの衝撃を受けまし

---

12)　Zielorientierte Projektplanung（Goal Oriented Project Planning）のこと。

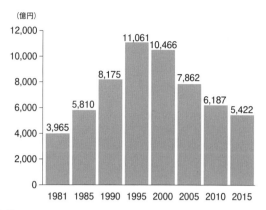

図1-5 政府全体のODA予算の推移
外務省ホームページ、ODA当初予算の推移（政府全体）〈http://www.mofa.go.jp/mofaj/gaiko/oda/shiryo/yosan.html〉のデータをもとに筆者作成。

た。なんと物騒な世の中になってしまったのか。

　ODAとは、政府ないし公的実施機関が、開発途上国の経済発展や福祉の向上を目的に援助を行うことです。図1-5は日本のODAの一般会計予算の推移です。グラフには出ていませんが、1997年の1兆1,687億円をピークに過去20年あまり減少を続けています。

　ODAは予算規模が大きいから良いというわけではありませんが、世界3位の国内総生産（GDP）と世界10位の人口をもつ日本であれば、相応の貢献をするべきだと思います。図1-6は、主要援助国のODA実績の推移です。1990年代は日本が1位でしたが、2000年の同時多発テロを契機にアメリカがODA予算を増額し、現在はアメリカ、イギリス、ドイツ、フランスに次ぐ5位に留まっています。

　開発コンサルタントとして最初に携わったのは、外務省からFASIDに委託されたラオス「ナムグムダム」の評価でした。ナムグムダムは、ラオスの首都ビエンチャンから北方約90キロにあり、日本を含むドナーがラオスの経済発展のため1966年から工事をおこない、1971年にラオス最大の水力発電所として完成しました。発電量の大半をタイに売電し、ラオス経済に貢献したといえます（JICA, 2009）。日本の元祖ODAともいえるこの案件を、

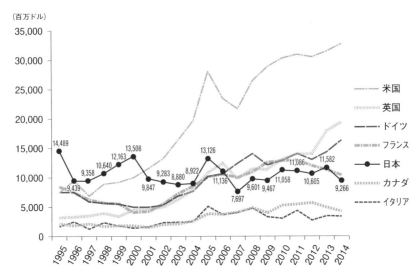

図1-6　主要援助国のODA実績の推移（支出純額ベース2014年）
外務省、2015、『開発協力白書』35頁。

PCM手法に後付けで当てはめ、計画当時のロジック（プロジェクト・デザイン・マトリックス：PDM）を再構築し、それをもとに評価を試みるという仕事でした。私は、ナムグムダムと発電所の建設が地域住民に与えた社会・経済的なインパクトを担当しましたが、このときはじめて、水力発電所の内部を見学することができ、その規模の大きさに感動を覚えたものです。

　開発コンサルタントという職業に興味をもった私は、ニューヨーク時代からの友人と1992年にコンサルタント会社を立ち上げ、本格的に始動しました。JICAや外務省などから調査案件を受注し、インドネシアのスマトラ島にあるアサハンダムやマニラの浄水場など、ユニセフ時代には対象にならなかった国や現場に携わることができ、視野が広がった気がしました。また、ナムグムダムの評価をきっかけに、PDMを用いた評価の活用に取り組んでいきました。

　「開発コンサルタントってどんな仕事をするのですか？」、時々このような質問を受けます。問題は、開発コンサルタントの仕事があまりにも多岐にわたるので、一言で答えられない点です。コンサルタントというからには、何

かしらの専門性を持ち、誰れからか、何かを依頼（コンサルト）される仕事です。開発コンサルタントの場合、何かしらの技術や専門分野に長けている人（技術者、医療従事者、設計士、技師など）と、クロスカッティングイシュー（どの分野にも必要な事項）に長けている人（プロジェクト管理、ジェンダー、社会調査、環境、モニタリング・評価など）に大きく分けられます。2つのグループはたて糸とよこ糸のようなもので、どちらが欠けても布は織れません。私は、後者に属していて、プロジェクト管理、社会・ジェンダー調査(分析)、モニタリング・評価などを中心に世界中を飛び回っていました。

　たとえば、社会林業という形態があります。林業分野にもさまざまな協力方法がありますが、社会林業とは、「住民の住民による住民のための林業」です。最終的な目標は森林保全であったり、砂漠化防止であったりするのですが、その場所に住む住民の生活を保護しつつ、住民が木を植え、守り育てるしくみをつくらないと木が育たないという発想です。社会林業のプロジェクトを実施するには、もちろん林業の専門性が大事です。その気候にあう樹種を特定し、苗木を育て、植穴の大きさや間隔を決定する技術と知識です。一方で、「住民に木を植え、その木を保全してもらうにはどうすればよいか？」という課題に取り組むのが我々「社会系のコンサルタント」です。対象地域にどんな人々が住み、どんな生活を営み、どのような問題を抱え、木をどのように使っているのか、など詳細に調査し、何度となく住民と話し合い、可能性を探っていきます。これは、体力と根気がいる仕事ですが、住民と直接触れ合うことができ、とても楽しい仕事です。

　もう1つの分野はプロジェクト管理です。ODAのプロジェクトにもたくさんの種類がありますが、主に技術協力プロジェクト、通称技プロに携わってきました。プロジェクトをどのようにおこなうか（計画）、どうおこなうか（実施）、どうおこなったか（評価）という一連の流れを管理するのがプロジェクト管理です。JICAは先出のPDMなどを用いてプロジェクト管理をおこなっています。コンサルタントは、この一連の作業に継続して携わる場合もあれば、一部のみに携わる場合があります。たとえば、評価のコンサルタントとしてそのプロジェクトにかかわることもあれば、ジェンダー分析をプロジェクトの途中でおこなうこともあります。ケースバイケースです。

ジェンダー

　私の最初の仕事が「バングラデシュの女性たち」というドキュメンタリーの作成であったことはお話ししました。バングラデシュの女性の地位があまりにも低く、その構造的な暴力に怒りを覚えると同時に、ジェンダーに関する知識を深めていきました。私が日本に

ネパールの農村にて

戻ったちょうどそのころ、世界中が1995年の「第4回世界女性会議（北京）」に向けて準備をしているときでした。国連は、世界の女性の地位向上を目指して1975年を国際女性（婦人）年とし、第1回国連世界女性会議をメキシコシティで開催しました。この会議で、「世界行動計画」が採択され、1975～1985年までを「国連女性の10年」に定めました。メキシコ大会以来、1980年の第2回大会はコペンハーゲンで、1985年の第3回大会はケニアのナイロビで開催され、行動計画の実施期限を2000年まで延長しました。第4回大会では、北京行動要領を採択し、女性のエンパワーメントに関するアジェンダが明記されました（国際協力用語集, 2014）。

　北京会議以前のODAでは、ほとんど女性への配慮は検討されてきませんでした。現在はジェンダーという言葉が使われていますが、当時は「開発と女性、Women In Development; WID」と呼ばれていました。援助関係者（男性）の中にはWIDをWidowと間違えて、未亡人対策と思っていた人もいたほどです。当時JICAでは、職員に対するジェンダー研修やジェンダー配慮のガイドライン作成が急務とされており、この仕事に携わることになりました。ジェンダー研修手法の研究のため、オランダのアムステルダムにあるロイヤル・トロピカル・インスティチュートの短期コースを受講し、世界でどのようにジェンダー研修がおこなわれているか、実践的に学びました。しかしながら、男性社会の日本でジェンダー研修をおこなうのは、かなり困難を伴いました。PCM手法研修の時と同じで、「日本のODAは技術中心だから、面倒な計画手法やジェンダー配慮など必要ない」と考える人が参加者の大半を占めていたからです。ただ、世界情勢は待ったなしで進んでおり、参加者の心理的な抵抗を感じながらも、前進あるのみでした。

最初は、不利な立場にある女性や女子に対してできることは何か、たとえば女性のための職業訓練や、女子教育の推進などでした。次第に、いろいろなプロジェクト、たとえば社会林業プロジェクトで、農業のプロジェクトで、道路建設のプロジェクトで、女性に配慮する、あるいは女性だけではなく、社会的に不利な立場にある人々、あるいは男性にも配慮するにはどうしたらよいかを検討するようになりました。配慮するとは、どういうことでしょう？ 1つの例として、ケニアで社会林業のプロジェクトに携わったときのことです。プロジェクトの現場は、ナイロビから車で4時間ほど離れたキツイ県にあり、完全な半乾燥地帯です。年間の降雨量は毎年変動しますが、私がいたときは500ミリ程度で、そこに住むカンバ族の人々は、メイズ（とうもろこし）やピジョンピー（樹豆）を育て、牛の放牧をしながら生活していました。

　ケニア政府は、半乾燥地が砂漠化するのを恐れ、住民が継続して木を植え、育てることができるように日本に技術協力を要請してきました。我々が調査に入ったときにまず気がついたのが「男性が少ない」ことでした。働き盛りの男性は、現金収入を求めてナイロビやモンバサなどの都市部に出稼ぎにでていて、村に残っていたのは、女性と高齢者のみでした。半乾燥地域で木を植え育てるのに絶対必要なのは、水です。対象地域で水汲みは女性の仕事で、彼女たちは、ロバに10リットル入りのポリタンクを4〜5個くくり付け、片道2時間ほど歩いて川に水を汲みに行きます。川といっても水が見えているわけではありません。1年の大半は、水が川底の下を流れる伏流水になっています。砂地の表面温度は40度をはるかに超えているにも関わらず、女性たちは、ひょうたんを半分に割った柄杓で懸命に川底を掘っていきます。1メートルぐらい掘り進むと川底の砂地から水がじわーっと湧いてくるので、それを丁寧にすくってポリタンクに入れていきます。川に着いてから1時間以上たってやっと水汲みが終わり、また2時間ぐらいかけて村に戻ります。この作業を毎日続けているわけです。

カンバの女性たちと改善策を検討中

この女性たちに「木を植え、育てるための水を汲んでほしい」と言えるか
どうか？　あるいは、水を汲んでもらうにはどうしたらよいか？　住民のた
め、地域のための植林プロジェクトのせいで、彼女たちの生活がもっと苦し
くならないようにするにはどうすればよいか？　そのあたりをしっかりと考
えるのが「配慮」です。余談になりますが、この水汲みに同行した私は熱射
病になり、一緒にいた女性たちに心配をかけてしまいました。カンバの女性
たちの仕事を一通りやってみましたが、脱穀も農作業も何一つ満足にでき
ず、とうとう「あんたはこの村の嫁にはなれないなぁ」と引導を渡されてし
まいました。

プロジェクトリーダーとスリランカ

　究極のプロジェクト管理の仕事は、技術協力プロジェクト（技プロ）のリー
ダーの仕事です。JICA 年次報告書 2016 によると、2015 年度 JICA は、84
カ国と地域で 572 件の技プロを実施しています。相手国の要請を受け、日本
の技術や知見をベースにしつつも、相手国の現状にあった協力を数年かけて
実施するのが技プロです。数々の技プロに携わってきましたが、最後に携
わったのは、スリランカで実施した医療系のプロジェクトでした。

　皆さんは、生活習慣病という言葉を聞いたことがあると思います。がん、
脳卒中、心筋梗塞などの生活習慣病は感染しない病気、非感染症と呼ばれ、
英語では、Non-Communicable Diseases（NCDs）と呼んでいます。生活習
慣病の危険因子（リスクファクター）は、肥満、高血圧、糖尿病、脂質異常
症などです。よく、「生活習慣病は先進国の贅沢病でしょう」といわれます。
ところが、図 1-7 が示すように、非感染症の死亡率は、途上国のほうが高い
のです。中央アジア諸国やアフリカに死亡率が高い国が多いことに驚かれる
と思います。もちろん、先進諸国は医療施設や救急搬送のシステムが整って
いることが多く、たとえば脳出血を発症したとしても、助かる場合が多いの
です。しかし、途上国、とくに農村部は医療体制も整っておらず、救急車も
見かけません。そういう場所で脳出血を起こしたら、助からない可能性が高
いのです。

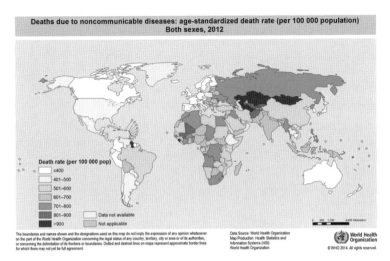

図1-7　非感染症に起因する死亡率（2012年、対10万人、男女共年齢調整後）
WHO ホームページ〈http://gamapserver.who.int/mapLibrary/app/searchResults.aspx〉

　インド洋の真珠と称されるスリランカは、26年にわたる内戦で疲弊しま[13]
したが、2009年5月の内戦終結を機に経済発展が進みました。外務省や
JICA の分類によると、2013年度の1人当たり国民総所得は3,490米ドルに[14]
達し、世界銀行の分類で中所得国に位置づけされています。[15] 1948年の独立
後、無償の教育と医療を国民に提供し、その結果、成人識字率は92.6%
（2015年）[16]、乳児死亡率は1,000出生中8人（2012年）[17]と先進国並みの社会指
標を誇っています。細かくみるとさまざまな問題はありますが、スリランカ

---

13)　1815年に英国がスリランカ全土を植民地化し、少数派のタミル人を優遇し、多数派のシンハラ人を統治させる「分割統治」をおこないました。1948年の独立後、政権を握ったスリランカ自由党がシンハラ人を優遇する政策を実行したため、タミル人の反発を招き、1983年に全面戦争に発展しました（外務省ホームページ「わかる国際情勢 Vol. 40」〈http://www.mofa.go.jp/mofaj/press/pr/wakaru/topics/vol40/〉）。
14)　World Bank Date〈http://data.worldbank.org/country/sri-lanka〉
15)　Lower middle income countries（1人当たりの国民総所得が1,986米ドルから4,125米ドルの国々）。
16)　UNESCO Data〈http://en.unesco.org/countries/sri-lanka〉
17)　UNICEF, Sri Lanka Statistics〈https://www.unicef.org/infobycountry/sri_lanka_statistics.html〉

では、政府系の病院であれば、どのレベルであろうと、どのような治療であろうと、原則無料です。ただ、日本でも同じですが、医療費の増加が問題になっており、その原因の1つが非感染症の増加です。また、「病院における5大死因は虚血性心疾患、悪性新生物（悪性腫瘍）、肺性心疾患、脳血管系疾患、呼吸器疾患」となっています（JICA, 2012）。

スリランカの保健省高官と現地視察

　話をプロジェクト管理に戻すと、スリランカ政府の要請を受けて、日本政府はJICAを通じてスリランカの非感染症対策を支援するというプロジェクトを2008年から2013年まで実施しました。我々のチームは、医師（勤務医と大学教員）、疫学（コンサルタント）、医療財政（大学教員）、コスト分析（病院勤務）、ヘルスプロモーション（コンサルタント）など、非感染症に対応できる予防と医療システムを構築するための専門家で構成されていました。プロジェクトリーダーとは、専門家にそれぞれの専門性を十分発揮してもらい、スリランカ保健省と方針や対策などを調整しながら、PDMに沿ってプロジェクトを運営・管理していくマネージャーのことです。日本式の協力方法をよく「一緒に汗をかく」と表現しますが、技プロはその最たるものだと思います。スリランカの医療制度がどうしたらよくなるか、どうやったらスリランカの生活習慣病の予防ができるか、どうしたら一家の大黒柱を突然失わずに済むか、医療面だけでなく、社会面、経済面、政治面など多くの角度から取り組んだプロジェクトでした。

多国間協力と二国間協力

　第2節でお話ししたユニセフのような国際機関を通じて支援するのが多国間協力（multilateral cooperation）であり、ODAのように日本の技術や知見をつかって支援するのが二国間協力（bilateral cooperation）です。私の場合、国連旗を背負って働くか、日の丸を背負って働くかの違いです。時々、「どちらが効果的ですか？」と聞かれることがあります。とても難しい質問です。納税者の立場からいうと、日本の税金がどのように使われたかはっき

第1章　国際協力の35年

り見えるほうが良いかもしれないし、受け手からすると政治色が薄い国際機関のほうが良いかもしれません。さまざまな方針や協力内容を決定する上流部分では、大きな違いがあるのかもしれません。しかしながら、本節で紹介した社会林業や非感染症対策の現場では、国際機関、国際 NGO、研究所や大学など、いろいろな立場で働いている人々と協力しながらやってきました。最終的には、どのような協力スキームであるにせよ、目の前の人々の安全や生活向上につながれば良いのです。

　開発コンサルタントの仕事の中心は海外です。年間 10 カ月海外にいたこともあります。1 カ所に 10 カ月滞在できれば問題ありませんが、プロジェクトや調査が重なると、世界の何カ国かを掛け持ちすることになります。そうなると、スーツケース 1 つで生活することにだんだん慣れてきて、自分にとって何が必要なのかがわかってきます。開発コンサルタントは、好奇心が強く、どこででも寝られて、何でも食べられ、いろいろなことを考えることが好きな人には最高の仕事です。この仕事のおかげで、たくさんの文化や生活にふれることができ、私の人生が豊かになりました。

　国際協力にはいろいろな形態がありますが、国際機関、ODA に続いて最後にお話しするのは、草の根レベル、NGO の協力です。

4　NGO と国際協力

日本の NGO、世界の NGO

　外務省発行のパンフレット『国際協力の NGO』に、NGO の定義がこのように書かれています。「NGO とは Non-Governmental Organization（非政府組織）の略称で、もともとは国連の場において、政府以外の関係組織を示すのに使われていた言葉が広まったものです。最近では NGO という言葉は、開発、貧困、平和、人道、環境等の地球規模の問題に自発的に取り組む非政府・非営利組織を指す言葉に使われています」（外務省『国際協力の NGO』p. 3）。また、よく質問されることの 1 つに、「NGO と NPO はどう違うのですか？」があります。完全な線引きは難しいのですが、外務省の定義にある「非政府」は NGO で、「非営利」が NPO です。NPO は英語で Non-Profit

23

Organization あるいは Not for Profit Organization の略称ですが、日本では 1998 年に特定非営利活動促進法が制定され、営利を目的としない活動をおこなう法人を、特定非営利活動法人（NPO 法人）と呼んでいます。

　NPO 法人は、コラムにあるように 20 の活動分野の 1 つ以上の活動をおこなうことを目的に、内閣府または都道府県庁に「法人格」を申請し、認証されなければなりません。日本の NPO の活動分野は多岐にわたり、2016 年 1 月の時点で、5 万 1,449 の団体が認証されています。また、世間的な認知度を高め、助成金などを申請するためには「法人格」が必要なことが多いため、国際協力を目的とするほとんどの団体が NPO 法人として認証されています。

　私は国際協力をおこなう NPO 法人の代表をしていますが、海外で活動するときには NGO という言葉を使っています。NGO のほうが通用するし、私たちは「地球規模の問題に自発的に取り組む団体」であるという自負があるからです。外務省によると、国際協力活動に取り組んでいる日本の NGO は 400 団体以上あるようで（外務省、前掲）、そのうちのほとんどは NPO です。

　NGO を経営してみて感じるのが、資金繰りの難しさです。海外で住民のために何かしようとすると、お金がいります。草の根レベルの協力でもお金が必要です。事務局の人件費をはじめ、会社と同様、事務経費（家賃、水道光熱費、家具・家電、通信費、交通費など）がかかります。会費だけではとても賄えません。我々の団体は、外務省の NGO 連携無償資金協力や、公益財団法人日本国際協力財団から助成を受けて海外でのプロジェクトを実施しています。これまで、ベトナム、ネパール、フィリピンで、主に農村開発の分野で協力してきましたが、2017 年度からケニアのマサイの人々が住むロイトックトク地域の教育の質の向上を目指すプロジェクトに挑戦することになりました。

　国際協力をおこなっている NGO が登録している「NGO ダイレクトリー」というデータベースがあります。ここに登録している 430 の NGO のうち、有給職員が 1 人以上いるのは 379 団体と報告されています。人数別にみると、有給職員 5 人以下が 256 団体（67.5%）を占め、9 人以下では 308 団体（81.3%）に達しています（外務省・JANIC, 2016）。それに比べて、欧米の

Column　特定非営利活動促進法

　1998 年 12 月に施行されたこの法律には、NPO 法人の活動分野が以下のように定められています。たくさんの分野がありますね。

① 保健、医療又は福祉の増進を図る活動
② 社会教育の推進を図る活動
③ まちづくりの推進を図る活動
④ 観光の振興を図る活動
⑤ 農山漁村又は中山間地域の振興を図る活動
⑥ 学術、文化、芸術又はスポーツの振興を図る活動
⑦ 環境の保全を図る活動
⑧ 災害救援活動
⑨ 地域安全活動
⑩ 人権の擁護又は平和の推進を図る活動
⑪ 国際協力の活動
⑫ 男女共同参画社会の形成の促進を図る活動
⑬ 子どもの健全育成を図る活動
⑭ 情報化社会の発展を図る活動
⑮ 科学技術の振興を図る活動
⑯ 経済活動の活性化を図る活動
⑰ 職業能力の開発又は雇用機会の拡充を支援する活動
⑱ 消費者の保護を図る活動
⑲ 前各号に掲げる活動を行う団体の運営又は活動に関する連絡、助言又は援助の活動
⑳ 前各号に掲げる活動に準ずる活動として都道府県又は指定都市の条例で定める活動

参考
内閣府 NPO ホームページ
〈https://www.npo-homepage.go.jp/qa/seido-gaiyou/katsudou-bunya〉

NGOには、ワールドビジョンUKのように国内スタッフ数200人、海外スタッフ数4万5,000人規模[18)]という巨大な団体があります。なぜ、欧米のNGOは強力になり得るのか？寄付金に対する税制上の違いがよくあげられますが、同時に寄付をする文化が日本に根付いていないともいわれます。ただ最近イン

マサイの子どもたち

ターネットを使って寄付金を集めるクラウドファンディングを使ってみると、たくさんの人が寄付をしてくれるのを実感しました。たとえば、「マサイの子どもたちが寄宿舎に泊まれるようにベッドを寄付したい」という目的をはっきり示すと寄付が集まります。NGO・NPOのほうからも、自分たちの活動をもっと知ってもらう必要があると思います。

ソーシャル・ビジネス

皆さんはソーシャル・ビジネスという言葉を聞いたことがありますか？社会的な課題をビジネスで解決しようという取り組みのことです。第2節でお話しした「グラミン銀行」は、その先駆けです。経済学者のユヌス氏は、数ドルの借金のために生活苦に陥る人々を見て、少額のお金をあげるのではなく、貸してみる活動を始めました。そして、貧しい人でもちゃんとお金を返せると知り、貧しい人を対象にお金を貸す銀行「グラミン銀行」を設立したのです。第2節の表1-2に示したように、一般的な銀行と真逆の発想でお金を貸すというアイデアがイノベーションです。銀行というビジネスの手法を使いつつ、担保も社会的地位もない貧しい人々にお金を貸し、生活向上に必要な研修をおこない、人々のエンパワーメントを支援するのがソーシャルなビジネスです。

　もう1つの例としてユニリーバの石鹸があります。途上国には下痢などで亡くなる子どもがたくさんいます。手で食べる文化の国もたくさんありま

---

18) World Vision UK Home page 〈http://www.worldvision.org.uk/who-we-are/our-people/〉

す。帰宅時、そして食事の前に石鹸で手を洗うことで、病気を予防することができます。ユニセフのときもバングラデシュの小学校などで衛生教育をおこなってきました。寸劇を使ったり、紙芝居にしたりして、目に見えない細菌が口から入ってくることを表現しました。子どもたちは喜んで石鹸を持ち帰り、手を洗っていました。ただ問題は、石鹸がなくなると手が洗えなくなったことです。

　ある日東京でテレビをつけると、インド農村部の小学校で寸劇をやっていました。子どもたちの前で、バイキン役の大人と石鹸役の大人が面白おかしく対決していました。やがて石鹸役が勝ち、手洗いの大切さを教えていました。同じような寸劇をユニセフでもやったことがあるので、懐かしく見ていると、突然石鹸役の男性が「ユニリーバの石鹸で手を洗おう！」と呼びかけ、子どもたちが復唱したのにはびっくりしました。衛生教育をしながら石鹸のPRをしていたわけです。その村の小さな売店にもユニリーバの石鹸が置いてあり、いつでも手ごろな値段で買えるしくみになっていました。販売網があるから石鹸を買えるし、石鹸を買えるから手を洗う習慣が続き、最終的には下痢にかかる子どもを減らすという社会問題の解決につながることに興味を持ちました。ユニリーバのような大企業がおこなっているのは、一般的にBOPビジネスと呼ばれています。BOPとは "Base of (economic) pyramid" すなわち世界経済の底辺にいる貧しい人々のことで、C.K. プラハラードが著書『ネクストマーケット』でBOPこそが次世代の顧客になると主張したことで一挙に有名になった言葉です。貧困層を援助の対象ではなく、顧客として考え、顧客のニーズに応えつつ社会課題も解決するビジネスと唱っています。

フィリピンでの挑戦

　少額のお金を貸すマイクロファイナンスや、少額の保険を掛けるマイクロインシュアランスなど、貧困層を対象としたソーシャル（あるいはBOP）ビジネスには、たくさんの方法があります。私たちのNGOもフィリピンでソーシャル・ビジネスを支援していますので、その1つを紹介します。場所はルソン島中部にあるヌエバビスカヤ州です（図1-8）。

図1-8　プロジェクト対象地

　我々の団体は、ヌエバビスカヤ州で環境保全や持続可能な農業支援など、さまざまな活動を外務省などからの助成金で実施してきました。そのなかで気がついたのが、地域の農民が急斜面に野菜を作り、肥料や農薬にお金を費やし、定期的に買い取りに来る中間業者に買いたたかれ、手元にほとんど残らない生活をしていることでした。そこで、涼しい高地という地形を活かし、付加価値の高い有機野菜を作り、農民自らが自分たちの野菜を売れるようにしたらどうかと考えました。しかし、高地に住み、運搬手段を持たない農民が市場で売るということは想像以上に負荷が大きいことがわかったので、最終的には農民と市場を結ぶローカルNGOを設立し、ビジネスを始めました。NGOの名前は、「ビスカヤ・フレッシュ！」。農民から有機野菜を買い取り、州都バヨンボンや首都マニラの富裕層向けに野菜を販売するビジネスです。メンバーになった農民と年間の生産計画を立て、週2～3回買い付けに回り、決まった価格で買い取り、販売するしくみをとっています。有機野菜を作るのは手間がかかります。化学肥料や農薬を使わないため、害虫との闘いでもあります。生産量も一般の栽培方法よりは少なく、作付面積も限られます。でも、安全・安心な有機野菜への需要は高く、現在では生産量が追いつかないほどです。

　また、同じ州でも低地に住む農民は、米を作っています。フィリピンでも最近機械化が進み、水田でも伝統的な水牛（カラバオ）の姿は少なくなりました。機械化が進むもう1つの原因は人手不足です。ここでも多くの若者が

現金収入を求めてマニラや海外に出稼ぎに行っています。裕福な農民は、耕運機などの機械を個人で所有したり、業者から借りたりすることができます。一方で、貧しい農民は、借りることさえできません。そこで、貧しい農民に必要な農機や資金を貸し、作物保険を掛け、収穫した米で返してもらう「農機レンタルビジネス」を始めました。しかも、

マニラの日曜マーケットで有機野菜を売るビスカヤ・フレッシュのスタッフ

農機をそのまま貸すのではなく、最下層で日雇い労働をしている集団を「農機オペレーター」として雇い入れ、オペレーター付きで貸すしくみにしました。

　途上国でビジネスをおこなうのはとても大変です。ソーシャル・ビジネスは、社会的な課題を解決しなければならないので、もっと大変です。ビジネスとして成り立つ、すなわち経営を黒字化するまでに何年もかかります。それも、自分たちでやるのではなく、現地の人々が自立して、ビジネスをおこなえるようにならなければなりません。とても大変かつ楽しい挑戦です。

5　海外で求められる力

援助モダリティの変化

　大学院卒業後、ずっと国際協力を仕事としてきました。国連という地球的規模の協力、ODAという二国間規模の協力、NGOという草の根レベルの協力、いろいろなレベルや分野を経験してきました。過去35年間で強く感じるのは、援助モダリティの変化です。ユニセフで仕事を始めた80年代は、まだ、富める先進国が貧しい途上国を助けるという、どちらかというと父親的な（paternalistic）な感じが強かったと思います。でも、いまは違います。途上国も力を付け、自国や自分たちに何が必要か、よくわかっています。援助というと、一方的に助けると誤解しやすいですが、外部者が外国に行って、好き勝手をやるわけではありません。草の根レベルでも、現地の人々と一緒になって考え、現地の人々が動かないかぎり何もできません。ODAや

国連のレベルではなおさらのこと、カウンターパートになる相手国政府や自治体にオーナーシップがなければ対象地域の人々の生活は良くなりません。また、国際協力の分野も非常に多様化、細分化しました。

これから国際協力に携わる人たちには、カウンターパートの意見や気持ちを汲み取る能力、分野別の高い専門性、あるいは調整能力、協働の精神が重要となってきます。

人生の決断とコンプレックス

人生で最も大きな決断は何かと聞かれると、「生まれ故郷の熊本を離れて、東京の大学に進んだこと」と答えます。親からすると、「歩いて10分のところに熊本大学があるのに、どうしてそこに行かないのか？」と私の行動が理解できなかったと思います。私にとっても初めての一人暮らし、熊本弁が通じない東京での生活はカルチャーショックを伴う最大のチャレンジでした。二番目に大きな決断は、バングラデシュを離れなかったことです。ユニセフをやめて明日の飛行機で日本に帰ろうと思ったにもかかわらず、そのままバングラデシュで頑張ったことが私の原点になっています。

熊本弁からはじまり、ずっと言葉に関するコンプレックスをもっていました。まず、標準語（あるいは東京弁？）に対して、次に英語に対して、そして英語以外の言語をマスターできなかったことに対してなどいろいろです。ニューヨークにいたとき、国連の語学教室でフランス語を勉強し、ある程度のレベルまで上達しましたが、いまはすっかり錆びついてしまいました。国際の場で働くには、流暢さだけでは足りません。少し下手でも内容が大切です。そうは言っても、数カ国語を流暢に話せるヨーロッパ人や、格調高い英語を話せるイギリス人には、いまでもとても憧れます。

海外の大学院 vs 日本の大学院

「将来国際的に活躍するには、大学院は海外に行くほうが良いでしょうか？」という質問をよく受けます。将来ずっと海外で生活するならば、語学や慣習の面からいって、海外で勉強するほうが良いかもしれません。でも、日本で仕事や生活をする可能性がある場合は、日本の大学院も悪くありませ

ん。どの国でもそうですが、「同窓生」というのは大きな意味をもつからです。

　1つの考え方として、実務者になりたいか、研究者になりたいか、卒業（修了）後の進路を考えてみると良いと思います。その大学院がどのような理念を打ち出し、どのようなコースワークと教授陣で臨んでいるか、ホームページなどでしっかり研究して、選びましょう。

リクルートと日本人

　日本では、大学4年生の時に一斉に就活をはじめ、内定を取りつけ、4月1日に一斉に入社し、企業で研修を受け、働き始めるというのが一般的です。一方で、国連は仕事（ポスト）ごとに人を雇うという人事システムです。ポストごとに、仕事の内容と必要な能力（Job Description）が決まっていて、その仕事ができる最適な人物をリクルートするシステムです。ユニセフの後半は、ニューヨークでリクルートの仕事をしていました。リクルートといっても、外部から人を雇うだけではなく、空席がでたらすぐ、そのポストを公募し、内部と外部の応募者の中から選択するシステムです。能力や人柄がわかっている内部の人間が有利な場合もあれば、経験豊かな外部の人間が選ばれる場合もあり、とても厳しい世界だと思いました。

　第2節で、JPOの話をしました。JPOのリクルートも仕事の一部で、私の担当はフランスと北欧諸国でした。ほとんどの応募者が各国の省庁や企業で働いた経験があり、語学も堪能で、面接している私のほうが引け目を感じるほどの優秀さでした。また、直接の担当ではありませんでしたが、イタリアのJPOはアピールが上手で、実力以上に見えました。

　一方で、日本人のJPO候補者と会ってみると、知的レベルは高いのですが、自己アピールが弱いと思いました。これは、当時の私にも当てはまったことで、「人の振り見て我が振り直せ」ではないですが、ほかの人の面接を見ていると、問題点がよくわかります。「こういえば良かったのに、もったいないなー」と思った点は、私も気をつけるようにしました。

これからの世界で生き抜くために

　「国際協力に興味があります」「途上国の貧しい人たちを助けたいです」「途

上国の女の子たちが学校に行けるようにしたいです」などという興味と強い
関心をもつ学生が私のゼミに入ってきます。その気持ち、行動力、情熱はと
ても大事です。ただ、国際協力は途上国の貧しい人々のためだけにおこなう
わけではありません。これからの世の中、すべての国が政治、経済、社会の
面で安定し、平和でなければ我々も生きていけないのです。共存・共栄が国
際協力の理念です。それは、国際協力を仕事としている人だけではなく、政
治家、企業人、行政官から学生まで、忘れてはならないことです。

　残念なことに最近では、「自国ファースト」という保護主義的な思想が強
まっています。もちろん、国益は重要です。ただし、相互依存が強まった世
界で「ひとり勝ち」はあり得ません。この本を読んでいる皆さんには、持続
可能な開発目標（SDGs）の理念に基づき、世界全体の底上げを目指すリー
ダーになってほしいと願っています。

■ 引用文献

外務省（2015）『開発協力白書』
外務省・特定非営利活動法人　国際協力NGOセンター（JANIC）（2016）『NGOデー
　　　タブック2016』
管正広（2014）『構想グラミン日本』明石書店
国際開発ジャーナル社（2014）『国際協力用語集第4版』丸善出版
国際協力機構（2009）『ナムグム第一発電所補修計画事後評価報告書』
国際協力機構（2012）『スリランカ民主社会主義人民共和国、保健医療セクター情
　　　報収集確認調査　ファイナルレポート』
国際協力機構（2016）『JICA年次報告書2016』
国連広報センター（2015）『国連ミレニアム開発目標報告2015　MDGs達成に対す
　　　る最終評価』PDF版
櫻井里穂（2012）「第10章　初等教育、すべての子どもに教育を」勝間靖編『テキス
　　　ト国際開発論』ミネルヴァ書房
坪井ひろみ（2006）『グラミン銀行を知っていますか』東洋経済新報社
プラハラード, C. K.（2005）『ネクストマーケット』英治出版
ユヌス, M.（2010）2010『ソーシャル・ビジネス革命』（岡田昌治監修、千葉敏生訳）
　　　早川書房

第 1 章　国際協力の35年

Bangladesh Gazette, Act No. 27 of 1990

United Nations, Department of Economic and Social Affairs, Population Division
(2015) "World Population Prospects: The 2015 Revision", DVD Edition

United Nations (2015) "The Millennium Development Goals Report 2015"

第2章
開発援助の現場から
──開発実践者のディレンマ

村田俊一

1976年関西学院大学法学部政治学科卒業。米国ジョージ・ワシントン大学院修士課程修了（国際政治経済専攻）、同博士課程修了（リサーチデザイン、計量政治経済、東南アジア諸国連合専攻）。その後ハーバード大学大学院ケネディースクール管理職特設プログラム修士課程修了（組織管理学専攻）。国連開発計画（UNDP）のウガンダ、エチオピア、スーダン、中国、モンゴル、フィリピン等の各常駐代表事務所勤務を経て、1999年よりブータン常駐代表兼国連常駐調整官に就任。2002年より関西学院大学総合政策学部教授。2006年よりUNDP駐日代表、2011年より国連アジア太平洋経済社会委員会（ESCAP）事務局次長等を歴任した後、2015年秋学期より関西学院大学総合政策学部特別客員教授。2016年4月より関西学院大学総合政策学部国際政策学科教授、関西学院大学国連・外交関連プログラム室室長に就任。

プロローグ

　世界情勢は刻々と変化し、先進国、発展途上国の課題がモザイク状に絡み合っています。そんな国際環境のなかで、国連は70億に迫る世界の人々が安心して平和に暮らせる地球づくりを目指しています。その大きな役割を担った国連に、職員の1人としてかかわってから30年を超します。その間、2002年から4年間は総合政策学部教授として母校に赴任、2004年には国連ボランティア計画（UNV）と提携し、学生を国連情報技術サービス（UNITeS）ボランティアとして途上国へ派遣する新しいプログラムを立ち上げました。この事業の協定締結は当時アジアで初、世界では3校目でした。初期はIT整備のボランティアでしたが、その後教育、環境、健康など国連ミレニアム開発目標の達成に貢献する分野に学生を派遣しており、派遣学生の累計は2016年2月現在で83人。派遣国は20カ国以上になっています。

　その後、筆者は国連に戻ってUNDP駐日代表を務めたあと、アジア・太平洋諸国の経済社会開発のためのアジア・太平洋地域の国連主要機関であるESCAP次長として、事務局本部があるタイのバンコクに赴任しました。そして、2015年より関学総合政策学部に戻ってきました。

1　はじめに

理由なき反抗

　福岡の県立高校時代には受験勉強はせず、読書に時間を割いていました。

フィリピンにて

モンゴルにて

第2章　開発援助の現場から

「人生いかに生きるべきか？」、小説から学んだ点は大きかったと思います。
関西学院大学法学部政治学科に合格し、その勢いで東京の大学を受験するは
ずが、父親からわたされた大金を使い、受験せずして、原宿、六本木、渋谷
で毎日遊びまくって、あたかも受験したかのように帰省しました。当然なが
ら東京の大学はすべて不合格。父はしばらく口をきいてくれませんでした。

　関学時代の青春は、ESS（English Speaking Society; 英語研究部）に入部
することで謳歌しました。200人以上の部員を束ねるESS部長になること
で、リーダーシップや英語力も培われ、自信もついていったような気がしま
す。学問的には地方自治論のゼミに入りましたが、自分の興味のある比較地
方自治論の分野は一般的ではなく、海外に留学することを担当教授から勧め
られました。折しも4年生の時期に最後の学費値上げ反対運動が勃発して大
学が閉鎖になり、自宅で勉強するうちに自分の中ではすでに米国留学を準備
していました。

　就職はアルバイト先の某航空会社の子会社からすでに内定をもらっていた
のですが、どうも乗り気になれない。少し働いて退職してからは、毎日、図
書館や米国文化センター等でTOEFL（英語の適性試験）、GRE（大学院生
受験者に課せられる適性試験）の準備に追われましたが、米国George
Washington大学院[1]から入学許可が下りたのは、実に意外でした。

　アメリカでの授業が始まると、聞きしに勝る授業内容とそのレベルの高さ
は想像をはるかに超えていました。米国大学院大学の院生の意気込み、勉学
の深さ、情熱に圧倒される毎日でした。自分の実力不足にがっくりし、情け
ない日々が続きましたが、クラスメートの米国人、ギリシャ人に勉強の方法
を教えてもらったことで、いまの私があるといっても過言ではないでしょう。

　政策科学の必須コース"Scope and Method"のクラスで初めの小テスト
は"F"（Failure）で、本当にショックでした。これは担当教授のTeaching
戦略らしく、クラスの半分が"F"だったようです。最初のテストはカウン

---

1)　1821年創立。初代大統領ジョージ・ワシントンの提唱により、首都ワシントンD.C.で
　　広く人々が学べる私立の共学大学として開校、当初はColumbian Collegeと称してい
　　ました。現在は大学院生の方が学部学生より多い研究型総合大学で、ロースクール、
　　メディカルスクール、国際関係学のElliott Schoolの3つがとくに高く評価されています。

トしないということで、危機を脱出しました。毎日、夜中まで図書館で勉強して、帰宅が午前2～3時はざら、それでもようやっと皆についていくことができたのは先に述べた2人の友人たちのお陰です。復習するために、毎日、タイプライターでノートを整理しました（この時代、ノートパソコン・ワープロはありません）。ここで、理論の立て方、仮説の立て方を徹底的に学習しましたが、定量化がかなり進んだ1980年代の米国定量政治経済学は日本とは違い、統計学との融合が新鮮でした。

International Political Economy and its System（国際政治経済とその構造理論）を学んだのですが、学問領域でのAmericanizationは顕著で、経済発展における途上国の貧困は、「クズネッツの理論[2]」を継承するかのごとくTrade-offとして考えられていました。この時点から、途上国の経済学者、とくに従属理論[3]を唱えた、ラテンアメリカの経済学（Neo-Marxist）を研究し、途上国の地方自治・行政に興味を抱くことになります。

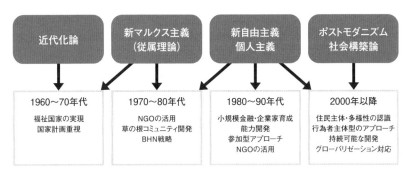

図2-1　開発社会学の言説史

木村宏恒編（2009）『国際開発学入門』勁草書房、p. 127を参考に筆者作成。

---

2)　「経済成長の初期には所得分配の不平等が大きくなりますが、ある程度の水準に達すると不平等は低下する」という議論（Kuznets, 1996）。これを証明するために、クズネッツは逆U字曲線を提唱しました。
3)　1960年代にラテンアメリカで提唱された経済開発、戦略理論。資本主義社会では「中心」として支配する先進国と、「周辺」として従属的地位に置かれる発展途上国との間に従属関係が歴史的につくられ、発展途上国の経済の停滞は先進国の経済に充足するかたちで並存していることに起因すると主張しています（『ブリタニカ国際大百科事典』）。

38

第2章　開発援助の現場から

しかし、自分の英語能力では中途半端でしか討論に参加ができない。そのもどかしさは筆舌に尽くしがたいほど辛かったし、悔しいものでした。帰国するに帰国できない。背水の陣で臨んだ学問とは、米国生活とは、なんと自分自身をここまでコーナーに追いつめてくれるものか、と。実力主義で、甘えが通用しない社会を経験しました。親や友人のありがたみも身に染みました。

国連職員への道

だんだん学問の楽しさと米国生活にも慣れてきて、軌道に乗り始めたころ、博士課程への推薦を教授陣からいただきました。この時期、大学院選抜の国連へのインターンに合格しましたが、自分が何を求めているのかはっきりしていませんでした。体裁や恰好や、ブランドで振り回されている自分がそこに存在しました。わけのわからないまま、Wall Street の Chemical Bank での面接をトライしてみました。現 Chase Manhattan 銀行の前身である Chemical Bank の面接でしたが、学問の道か、「金の亡者」の道か、それとも万年アカデミアの Teaching Assistant か？　自分の身の振り方の葛藤が始まりました。自分の好きなことをやって果てるのは本望だが、それは何か？「人生いかに生きるべきか？」そして、その好きなこととは？　食いつなぐためにはアルバイトで家庭教師、車の陸送等、なんでもやりました。地位と金。私には両方ない。学生はいつまで続けられるのだろうか？

そんなことを考えながら、足は関学 ESS 時代に知り合ったスタンフォード大学にプロジェクト本部を置く NPO 組織 Volunteers in Asia（VIA）[4] へ向いていたのです。総責任者のドワイト・クラーク氏には、「すまないが、いまは貴方が応募できるような職はない」と言われました。日本での就職は無理と自覚していましたが、アルバイトや大学奨学金を最大限利用しながら学生を続けることも躊躇していました。俺もここで終わりか。故郷には帰れず、アメリカでも、このざまだ。Wall Street に再度トライし、合格しまし

---

[4]　1963 年に創設された NPO 団体で、米国とアジアの友好・協力関係を通じて推進することを目的としています。英語ですが、Wikipedia を参照（Volunteers in Asia 〈https://en.wikipedia.org/wiki/VIA〉）。

39

たが、なぜか投資顧問会社の「金の亡者」にはなれない。どうしてもなりたくない。心の叫びでした。

　無責任な同輩たちは、「30代で億万長者になり、退職してハワイでゴルフショップでも経営すればいいではないか。何を迷っているのか」と。それでも、人に直接役に立つ仕事がしたい。いままで批判してきた国連の職業が再度浮上してきたのです。遠い存在の国連本部の大学院生選抜インターンの試験を受け、採用課へ配属されました。そこで人事や予算の業務を通して国連の"動"を実感しました。

2　自己の潜在能力を見出す現場経験

俺たちには明日がない?!

　再び大学院で学んでいるとき、国連開発計画 (UNDP)[5] 本部と日本政府国連代表部から「あなたは UNDP に向いているようだから JPO-Junior Professional Officer[6] の試験を受けてみないか」と言われ、受験しました。試験は2時間筆記、そして2時間の口頭面接でした。実に難しいものでした。

　2週間後、UNDP 採用官から電話連絡があり、「おめでとう UNDP-JPO に合格しました」。そして、「どの国に興味がありますか?」という質問に「人が住んでいればどこでも行きます」と即答。採用官は笑みを浮かべながら、「2カ月以内にウガンダ、カンパラ事務所に赴任してください」。

　「アフリカか。専門でもないし。いいのかな」。多少不安はありましたが、自分の第六感に響くものを感じました。Wall Street でもなく研究者でもなく。国連職員 ??!　まあ2年契約だからそれが終わる時期に、将来のことはまた考えることにしました。1981年11月3日 (文化の日) にウガンダに赴任

---

5)　国連特別基金と拡大援助計画とが統合されて、1966年1月に設立された国連機関。国連システムのなかで中心的な資金・技術供与機関です。詳細は UNDP 東京駐日代表事務所ホームページを参照〈http://www.jp.undp.org/content/tokyo/ja/home/operations/about_undp/〉。

6)　国連加盟国からのサポートを受け、通常2年間、主に開発途上国の国際機関の事務所に派遣され現場実地訓練を受ける、国際公務員を志望する人材。詳細は外務省ホームページを参照〈http://www.mofa-irc.go.jp/jpo/seido.html〉。

第2章　開発援助の現場から

したのですが、手荷物はなぜかスイスのチューリッヒに行ってしまい、到着したエンデベ空港には、UNDP の運転手は迎えに来てはいませんでした。着の身着のままの格好で、バナナのトラックにヒッチハイクして、UNDP カンパラ事務所に到着しました。

ウガンダにて

　チャレンジングな開発援助の経験が始まろうとしていました。地方自治体の分権が専攻で、これまで学んできた政治経済やリサーチデザインの知識は、ここで通用するのだろうか？不安だらけでした。赴任前の準備期間、アフリカのことは UNDP アフリカ局の専門職員から説明は受けたのですが、みんなが、それは「島流し」みたいなもんで、「何か悪いことしたのか？」と強烈な嫌味を言われました。開発エリートはアジア局というのが、一般的な評価でしたが、それよりも何よりも、日本人として、アフリカに行って一旗揚げてやろうと思う気持ちのほうが強かったようです。怖くも、心配もしていませんでした。このアフリカの実践経験は、私を大いに進化させる礎となるのです。

　カンパラ事務所は猫の手も借りたいほどの忙しさで、待っていましたとばかり大小あわせて 30 以上のプロジェクト、財務管理をその日から受け持つことになりました。国連英語は甚だ難しく、仕事の内容が把握できない。公式文書の書き方がわからないので、同僚から助けてもらいながら必死になって、仕事をしました。またもや挫折か。

　そう考えているとき、国連の入っている建物の真向かいにある TEXACO のガソリンスタンドが反乱軍に爆破され、かなり長い間反乱軍（北部の部族で構成され旧アミン政権を支えたグループ）と政府軍（タンザニアの軍事支援をもとにアミン政権を更迭したオボテ政権）との銃撃戦が続きました。インド総領事館もが襲撃されました。しかし、ボスや同僚たちは淡々と仕事をしているのです。彼らの冷静さには驚きました。しばらくして、次席代表より反乱軍の地域への出張に行くように指示されました。反乱軍の拠点はウガ

41

ンダ北部カラモジャ地方で、遊牧民の生活をしながらゲリラ活動をしていました。女性、子ども、老人たちは農耕に従事し、男性たちが遊牧するという生活ですが、家畜争奪の争いが内乱につながる状況を目撃します。彼らと生活すること数週間、牛の頚動脈を切って、流れる血とミルクを混ぜて飲む習慣には、なかなか慣れませんでした。部族長に気に入られ、「娘と結婚しないか」と言われたときは、ひっくり返りそうになりました。

　出張後、初めてマラリアにかかり、40度の高熱は1週間ほど続きました。「俺は、ここで果てるのか」、なんともいえないほど、心細い日々でした。激動の人生を歩み続け、しかし開発援助の世界に魅せられるものは、なんと言っても現地で仲間と受益者と一緒に作り上げていくプロジェクトの醍醐味、それにつきるでしょう。歩きながら考え、立ち止まっては悩み、またそれから歩み出す。「嫌いならとっくにこの世界から出て行っているだろうに。やはり、これが天職か」。なにやら、この世界に魅せられる自分を感じていました。

　「俺たちには明日がない!?」……。人間は追い込まれるとなんでもするし、通常の倫理観からは想像もできないような殺戮行為もする。そのような社会にどっぷりつかって、粗雑で非文化的になっていく自分と、安定した生活がしたい自分とが混在していました。2年のウガンダ生活は、20年くらいに匹敵する経験と知識を得たようでした。

　私はウガンダに赴任にしているときに妻との結婚は決まっていましたが、帰国休暇の前日からカンパラでは政府軍と非政府軍との戦闘が始まり、カンパラからエンテベ空港の道のりは危険だと聞いていました。保安担当官から彼の専用の自家用車を借りて、エンテベまで突っ走りました。「検問でも止まらないように。俺から政府軍のほうには伝えておく」。私はそのアドバイスでエンテベまでの42キロメートル、アクセルペダルを踏み続けました。怖かった。自動小銃AK47の銃声が聞こえ、車に命中したようでしたが、支障はなく走り続けて、エンテベ空港に無事到着しました。車をよく見ると私の運転した車のガソリンタンクの近くに被弾しており危機一髪で助かりました。

　ケニヤ行きの最後の便が離陸の準備をしていました。ウガンダ事務所の保

安担当官が手配してくれていたのか、私が最後の乗客であり、機長、乗客一同、私の搭乗を待っていてくれたのです。強運な自分と、死んでいても不思議ではない状況下で、離陸する飛行機の中では体の震えが止まりませんでした。現地の友人たちの力添え、ボスの厳しいトレーニング、病気等、不思議ですが、ウガンダでの経験はアフリカ大陸に対する哀愁と情熱を感じ、Fan of Africa になるスタートになりました。

キャリア職員として

"LEAD Program"、すなわちヤングプロフェッショナル、幹部養成プログラムに日本人第1号として選抜され、ニューヨークで3カ月、エチオピアのアジスアベバで3カ月、計6カ月の訓練を受けたのち、1983年南スーダンのジュバに赴任するよう命ぜられました。最貧国・脆弱国での仕事が国連職員の仕事として、比較優位性があると認識する日々が続きます。余談ですが、ニューヨークでは2人だけで、国連教会で結婚式をあげました。日本での披露宴は2年後になり、親戚縁者からはブーイングが飛んでおりました。妻は、私の赴任地が首都カルツーム事務所だと思いきや、当時地図に記載されていない町、南スーダン、ジュバへの赴任だったのはかなりショックだったらしく、しばらく口をきいてくれませんでした。別にだますつもりはなかったのですが、最初からそのようなサバンナの僻地に赴任することを説明する勇気がありませんでした。

任地での仕事は、地域事務所の管理と緊急援助の対策、それと治安情報の分析でした。スタッフの採用の際、どうしてこんなに1月1日生まれが多いのか疑問でしたが、戸籍がないので、教会、モスクに行って身元をチェックすると、どう見ても数人は60歳を過ぎているように見えるのです。しかし、45歳とかいい加減なことをいうのです。血液型はと聞くとC、DとかFとかいう聞いたことがないような血液型が飛び出す始末です。一応、現地スタッフはほとんどが高校を卒業しているのですが、いろんな事情があり教育レベルの低いことが判明しました。

現地スタッフのトレーニングにはかなりの忍耐力が必要でした。60歳くらいのメッセンジャー、彼の名前は Onessimo。優しく、親切な老人でし

た。彼は政府の部署に手紙の配達に自転車で行くのですが、間違った政府機関に手紙を配達するため、混乱が起きていました。彼は文盲に近いレベルで、アルツハイマー病も多少あり、1986年には夜中に徘徊し、ナイル川で溺死しました。

　エピソードは多々あります。たとえば、清涼飲料を現地販売している工場があるので、スタッフ会議の差し入れとして4ダース注文しました。色はオレンジ色の液体ですが、オレンジの味もせず、砂糖水を飲んでいるかのようでした。聞くところによると、煮沸しておらずナイル川の水を直接利用し、人工着色料をつけて市販されていると聞き、即刻飲むことをストップさせました。なんとも恐ろしい飲料水が出回っていました。また、国連ガソリンスタンドの守衛が夜、ワニに食われて行方不明という事件もありました。1983年は、妻も私もマラリアにかかりました。本当につらい生活でした。首都カルツームや、ほかの近隣事務所には無線でしか連絡がつかない秘境でしたが、空は澄んでいて、星が手に届くほどきれいでした。妻とベランダに腰かけて何もないが、発電機で動かしている冷蔵庫に入れた冷たい安物のシャンペンを週1回飲むのが楽しみでした。何もないなか、妻は懸命に私をサポートしてくれたのです。

　1986年、隣国ウガンダでは、クーデターが勃発してムセベニ政権が誕生しましたが、クーデターにより現政権の軍人や関連部族、一般市民は、北部の国境を越えて、ジュバに避難すべく越境し、食料を求めて、WFP（世界食糧計画）[7]の食糧倉庫を襲撃しました。初めて、自動小銃AK47の流れ弾が体の近くをかすめていきました。

　SPLA（スーダン人民解放軍）の反乱軍と歩調を合わせたかのように、治安はみるみるうちに悪化し、国連関係者の家族は国外退去になり、妻も次期赴任地ニューヨークに避難しました。私の赴任をニューヨークで待つことになるのですが、残念ながら、私はその後、スーダン事務所のボスの命令で、西スーダン、ダルフール地方の国連事務所開設に突如転任することになり、

---

7)　1961年、国連と国連食糧農業機関（FAO）の多国間食糧援助の共同計画としてスタートしました。緊急・人道援助を中心に活動しています。詳細は〈http://ja.wfp.org/about/bureau〉を参照。

妻とは4カ月余り、別居生活を余儀なくされました。

　砂漠の生活は、アラビアのロレンスの映画のようにはいきません。仕事は、国連事務所の開設ですが、生活はつらかったし、缶詰とかラクダのシチュウばかり毎日食べていました。驚いたことに、日本赤十字新潟・広島支部から看護師が緊急支援で来ており、まさかこの秘境で日本人に出会うとは思いもよりませんでした。私は、コーンビーフの缶詰をお土産に置いていきましたが、彼らも感動と喜びのあまり、言葉を失ったようでした。懸命に援助活動を実行しているプロとしての誇りと情熱を感じる時間でした。彼らとは、転任する経路、アテネでばったり出会うことになるのです。アテネでは港近くのミクロマリアーノという漁港で、酒盛りして別れました。3人でかなり飲み、ニューヨークの赴任する飛行機にはかろうじて間に合うほどの二日酔いでした。

ニューヨーク本部の仕事：総裁官房付監査部

　次期赴任地、ニューヨーク本部での仕事は、あまり気乗りがしなかったのは事実です。理由は多々ありますが、ペーパーワーク中心の仕事はおそらくフラストレーションの原因になるだろうとか、性悪説の監査部に赴任することは人間関係がぎくしゃくするだろうとか。石の上にも3年と申しますし、まあやってみるしかないと思って、ニューヨークに赴任する飛行機の中では次期の現地事務所の仕事をすでに模索していました。

　JFK空港では、妻が出迎えに来ておりましたが、ニューヨークの「SOHO[8]」で見かけるような洗練された格好いい日本の女性が、私の妻だとは想像できませんでした。私は、疲労困憊しており、出会った瞬間10秒間くらいは互いに言葉がでません。飛行機の中ではどんな言葉で妻を慰労するか考えていましたが、頭が真っ白になって、なぜか、お互いに「握手」して、タクシーに乗りました。しばらくお互いに無言でした。こうして、ニューヨークの生活が始まるのです。

---

8)　ニューヨーク市マンハッタン区ダウンタウンにある地域で、お洒落なブティックや高級ブランドが建ち並ぶショッピングエリア。

UNDP NYC 本部の総裁官房付監査部の経営分析官という仕事は内部監査、とくに汚職摘発のヤング・ヒットマンとしての仕事が与えられました。監査部の部長はパレスチナ人で非常に厳格な方でしたが、真に私の将来のことを考えてくださり、尊敬できる素晴らしいプロでした。この監査部では、国連システムの規約や政策を熟知・応用することで、かなり法律的な知識も深まりました。まるで、汚職を摘発する検察官のような感覚が身についていきました。私の忠誠心を試すためというか、最初の仕事は、スーダン時代のボスを洗いざらい監査する仕事でした。これはかなりつらい仕事で、昔のボスを容赦なく「刺す」仕事でした。

　結果はともあれ、自分の中では、この仕事の重要性とは裏腹に、「人を見たら泥棒と思え」という世界観がどうしても性格に合わない。3年間辛抱して、監査部長に Country Operation 復帰を相談しました。部長は監査部でのキャリアを再度考えてほしかったらしく、簡単には転任の許可を出しませんでした。折しも家内がコロンビア大学師範学校（Teacher's College）の修士修了が見込まれるのを契機に、監査部長も説得し転任の手続きを取りました。

　1989年、天安門事件 9)で揺れる中国北京事務所に赴任することは、プレッシャーに強い私の性格と、緊急援助の経験を評価してくれたのだろうか？それとも自分自身「トラブル・シューター 10)」としての仕事をエンジョイしているのだろうか？　紛争問題とそれに関連する援助の変遷が、自分の専門分野として開花しようとしていました。

---

9)　一般的には「六四天安門事件」とよばれ、1989年6月4日、同年4月の胡耀邦元党総書記の死をきっかけとして、北京市にある天安門広場に民主化を求めて結集していた学生を中心とした一般市民のデモ隊に対して、中国人民解放軍が介入し、多数の犠牲者を出した事件です。
10)　紛争などを調停・解決する人のこと。

3 「開発援助政策」実践の魅力
──人道・緊急援助と復興・開発援助政策の変遷期から見えてくるもの

開発援助政策とは？

　自己啓発としての「既成概念に対する挑戦」として捉え、従事してきた開発援助の世界で、アフリカでの援助経験は援助の形態を理解すると同時に緊急・人道援助の基本と開発援助政策─中長期的な政策を考案するうえで非常に役に立ちました。そこには、戦後数十年におよぶ開発援助政策に関する産業国側、途上国側それぞれの立場からの模索や議論が凝縮されていたのです。

　1960年代から1980年代、植民地は自立したとはいえ、米ソの二極化構造と社会主義・資本主義のイデオロギー論争・政策に巻き込まれ、かなりの途上国は外交的には非同盟主義[11]（G77の原型）を唱えたのです。そのプロセスには中華人民共和国の台頭が見え隠れします。米国はベトナム戦争に敗北し（1976年）、旧ソ連はアフガニスタン（1980年代）に介入して、失敗。泥沼化する局地戦争に国連組織の役割は複雑かつ多様化していきました。

　その当時、援助の形として、必要な金と条件を付けてそれぞれ米ソ陣営に引き込む政策が顕著でした。産業国は、途上国のNeedsとは「資金と機材と人道援助」である、と決めつけて援助します。そのため、プロジェクトのオーナーシップは常に援助する側にあり、援助される側の意見はさほど反映されているとは思えませんでした。その時期、筆者の所属する国連最大の援助機関であるUNDPの立ち位置は、実施機関と受益政府に挟まれて、かなり複雑でした。Tripartite Relations、すなわちUNDP（出資）、国連専門機関（実施）、受益国の三者関係において、その資金を委託された国連専門機関がオーナーシップを握っていました。途上国の開発計画はあたかも援助される側が要請しているように見えますが、実際には国連機関の職員や専門機関のエクスパートが草案を書き上げ、援助される政府がそこに修正を加えるというパターンが一般的でした。

---

11)　冷戦においていずれの陣営にも加わらず、中立な立場を守ることで、紛争の拡大を防止し、平和を維持しようとする外交上の思想です。この時期に非同盟主義に賛同していた途上国が、後のG77に参加していきます。

筆者は、アフリカで実際そうしたプロセスに加わり、プロジェクト草案作成に従事したことになります。外国人専門家の技術移転は、彼らの意図する、すなわち「上から目線」で実施されているのが通常でした。現地での優先順位やゴールが考慮されていることもありますが、そのあたりは個人の裁量に任されていました。受益者の意見を取り入れることが、確固たる規範として制度に明記されるのはかなり後のことで、1990 年代頃に UNDP の開発マニュアルに反映されます。折しも、この頃になるとラテンアメリカから台頭する Neo-Marxist（1970 ～ 80 年）の提唱する「従属理論」が非同盟主義国を巻き込み、国連内でもかなりの影響力をもつようになりました。誰のための援助か？　途上国は、援助と見せかけて、じつは援助資金の大半が援助するドナーに逆流している状況を非難しました。以前は、国連に多国籍企業部（Transnational Corporation Division）が存在し、多国籍企業の動向をモニターし、警鐘を鳴らす役割を担っていました。

　こうして産業国・多国籍企業への批判（企業 CSR の芽生えともいえる）が始まり、国連諸機関のメンバー国からも援助の形態に疑問視する声が上がり始めます。誰のための援助なのか？　プロジェクトのオーナーシップは出資する側か、それとも受益者か？　こうした疑問は有償資金の機関ではいまでも継続審議されています。

援助におけるアプローチの見直し

　1980 年代には、世界銀行グループが「構造調整プログラム」に失敗します。途上国側は不平等の問題を南北問題と位置づけることで、非同盟諸国と中国による産業国批判に拍車がかかります。

　このようにして二国間援助と多国間援助の関係の調整や、Multi-Bi[12] プロジェクトの実施等の変革が、1980 年代から始まります。専門機関が実施する形から、受益国政府実施の形態[13]に移行することで、国連専門機関は一部

---

12)　国際機関を通じた援助をマルチ（Multi）として、二国間援助、つまり政府が直接途上国を支援する援助のことをバイ（Bi）とよびます。Multi-bi プロジェクトではこのマルチとバイを効果的に組み合わせ、援助の効果向上を図ります。

13)　Government Execution とは、受益国政府が管理責任を取る Accountability にシフト

の協力機関として適宜、政府の要請によって参加する形態をとることになりました。要するにオーナーシップが受益国に移行する時期を迎えたのです。

その後、実施形態はさらに進化して、現地政府のみならず、NGO/NPO、民間をも参加できる National Execution[14] プロジェクト、UNDP Direct Execution（例：アフガニスタン、東チモール等）のプロジェクトも実施の Option として浮上しました。現地で調達しうる機材・資源を購入、すなわち現地 Expert も採用するように奨励されるようにもなりました。逆に資金を出せばすべて受益国で実施するという、International Dimension の価値を無視する動きも出てきました。こうした流れのなかで、受益国の説明責任（Accountability）もオーナーシップの条件として議論されるようになるのですが、産業国側も OECD-DAC（5原則：妥当性、効率・効果、インパクト、自立発展性）を最大限活用し、ODA の効率性を打ち出してきたのです。

たとえば、効率性の観点から、ミクロのプロジェクトを多々実施するより、プログラムアプローチという、政策実施における Upper レベルに対する政策提言と持続可能なアプローチへの転換が示唆されました。一方で、政策提言が予算化され、実施される段階までのプロセスの評価は未だ曖昧です。投入中心主義から成果主義へ変わるとともに、さらに行為主体の多様化によって援助の協力と調整が重要課題となりました。途上国の Capacity Development の高揚という、自ら立案・実施し、成果を管理し、そのプロセスを維持・継続できることを目標にする動きも始まりました。

しかし、Capacity Development と技術移転については、途上国は植民地支配から独立して当時 20 年足らずであり、先進国のような Capacity は簡単には構築できません。それを 3〜5 年というプロジェクト期限を強要して、はたして正当な技術移転ができるのか？　そして先の見えない貧困状況をこの複雑多岐にわたる援助システムに打つべき改善策はあるのか？　これが開発援助に携わる関係者に投げかけられた課題でした。援助におけるアプロー

することです。一方、National Execution は、Government Execution がさらに進化した実施形態で、地方自治体、市民団体—NGO / NPO 民間企業も実施に参加します。

14)　政府が不安定な場合、特別な実施形態として、資金、実施、管理、すべてを UNDP が責任をもちます。

Column HDI とは何か？
そこから何がわかるのか？

人間開発指数（HDI）とは何か？

人間開発指数（HDI）は保健、教育、所得という人間開発の3つの側面に関して、ある国における平均達成度を測るための簡便な指標として、所得水準や経済成長率などにとって代わるものとして導入されました。1990年に刊行された人間開発報告書創刊版のため、パキスタン人の経済学者である故マブーブル・ハックがノーベル経済学賞受賞者であるアマルティア・センや、そのほかの優れた人間開発の専門家の協力を得て考案したものです。

HDI から何がわかるのか？

HDI は、一国の開発のレベルを評価するにあたって、経済成長だけでなく、人間および、人間の自由の拡大を究極の基準とするべきであるという点を重視します。また HDI は、政府の政策の当否を論じるきっかけにもなり得ます。この指数を参照することで、2つの国の国民1人当たりの国民総所得（GNI）が同じレベルであっても、人間開発のレベルが異なる事実を浮き彫りにすることができます。たとえば、バハマとニュージーランドは、GNI はほぼ同水準ですが、平均余命と就学予測年数には大きな隔たりがあり、それを反映してニュージーランドの HDI 値はバハマよりはるかに高いのです。このような HDI 値の際立った違いに触発されて、政府の政策がどのような優先順位に従うべきかについて議論が始まる場合もあるでしょう。

チの抜本的な見直しが必要となっていたのです。

社会開発への転進

1990年代には、国連開発計画の『人間開発報告書』が産声を上げます。経済成長偏重主義から人間の潜在能力を尊重する社会開発理論へ、UNDPは舵を切っていきます。識字率、寿命、最低限の生活、開発社会学の誕生です。

この時期から、UNDPはインフラ関連の事業から撤退することになります。

一方で、人間開発報告書ではアジアの知識人から提唱された最初の開発社会学のアプローチとして、ブータン王国の国民総幸福（GNH）指標[15)]、タイ王国のSufficiency Economy[16)]、エクアドルのBuen Vivir[17)]等、途上国の提唱する開発アプローチも盛んに取り上げられるようになります。まさにグローバルな援助政策に対して、途上国の意見が学術的な見地から、そして市民参加を通じて反映されるようになってきました。

図2-2　人びとの貧困とそのアプローチ

---

15)　GNHとはブータンのジグミ・シンゲ国王が提唱した概念。経済成長を重視する姿勢を見直し、伝統的な社会・文化や民意、環境にも配慮した「国民の幸福」の実現を目指す考え方です。GNH指標とは国民の精神的な豊かさで国を測るものです（外務省ホームページ）。
16)　日本語で訳すと「足を知る経済」。タイのプミポン国王が提唱しました。物に溢れた生活ではなく、環境・資源の限界を知り、すべてのバランスを考えながら、自分に十分な量を知って生きるという概念です。
17)　エクアドルのコレア大統領が提唱したものであり、日本語に訳すと「良き生活」。良き生き方をするために、人と人の調和、人と自然の調和を図っていこうとする考え方です。

Column　MPI とは何か？
　　　　なぜ、HPI よりも優れているのか？

多次元貧困指数（MPI）とは何か？

　多次元貧困指数（MPI）とは、社会で最も恵まれない人々がさまざまな種類の貧困に苦しめられている実態を浮き彫りにするために導入された、新しい指標です。MPI は、人が同時にいくつの種類の貧困に直面しているかを明らかにすることにより、多次元貧困の発生率とその強度の両方を映し出します。貧困状態で生きている人々の実態の全体像を描き出すために活用することができ、国家間や地域間、国内の民族間、都市・農村間、さらには、そのほかの主要な世帯やコミュニティの分類カテゴリー間の比較もおこなうことができます。MPI は、最近の理論とデータの進歩を土台に、この種のグローバルな指標としてはじめて考案されたもので、所得をもっぱらの基準とする貧困の指標を補完する、貴重な指標と言えるでしょう。2011 年版人間開発報告書では、世界の 109 か国、人口にして 55 億人（世界の総人口の 79% に相当）を対象に、MPI の値を推計しました。それによると、2000 ～ 2010 年に多次元貧困状態にあったのは対象国全体で約 16 億人（対象国の総人口のおよそ 3 分の 1）です。

具体的には、MPI は何を数値化する指標なのか？

　2011 年版人間開発報告書でも述べているように、MPI は、保健、教育、所得という人間開発指数（HDI）の 3 つの要素に関して、世帯レベルで複数の形態の貧困がどの程度重なり合っているかを表す指標であり、多次元貧困状態にある人の割合、および多次元貧困状態にある世帯が直面している貧困の深刻さを映し出すものです。詳細は Alkire and Santos（2010）"Acute Multidimensional Poverty: A New Index for Developing Countries" Oxford Poverty & Human Development Initiative（OPHI）Working Paper No. 38 を参照。

第2章　開発援助の現場から

なぜ、以前の人間開発報告書で採用されていた人間貧困指数（HPI）より、MPI のほうが優れているのか？

　MPI は、1997 年以降発表されていた人間貧困指数（HPI）に代わって採用されました。

　HPI は、各国の平均値によって、保健、教育、所得の 3 側面における総体的な貧困状態を描き出す指標で、導入された当時は画期的なものでした。しかし、特定の個人、世帯、そのほかの集団の多次元的な貧困状態を把握することができないという欠点がありました。この問題を克服するために、MPI においては、多次元貧困状態にある人の割合（発生率）および、その人たちが直面している貧困形態の平均数（強度）をとらえるものとしたのです。

　また、MPI においては、多次元貧困を構成する貧困形態の内訳も把握することができるので、地域や民族などによって多次元貧困の構成要素がどのように異なるかを知ることができます。その意味において、政策立案上で有用性が高いのです。一方で、所得の要素を含めることができなかったのは、データの制約が原因である。所得に関するデータは複数の調査結果から入手せざるをえませんが、そのような調査のなかには、保健と栄養に関する情報を含んでいないものが少なくありません。その結果、ほとんどの国において、特定の人が保健と教育の側面と所得の側面で同時に貧困状態にあるかどうかを判断することが難しく、所得の要素を除外せざるをえなかったのです。さらに政治的自由に関するデータも欠けています。

53

4　理論と実践：学びながら行為主体を渡り歩く
　── 「開発 Orbit」内での知識人、教育者、実践者として

中国からモンゴルへ：開発プロとしての自信と誇り

1989年、天安門天事件直後の8月、中国に赴任しました。まだ自転車の数が多く、国民服を着た市民が大半でした。夜は外出禁止令が出ていて、国連職員も例外なく服務局から監視下におかれる時代で、まるでスパイ映画を見ているような不思議な気分でした。現地スタッフは当時、国連とは個々の契約は結ばれておらず、午後5時には服務局のバスが到着。現地職員はまず服務局で情報交換をして、帰宅します。インターナショナルスタッフは残業をすることで、仕事を補っていました。

最初の1年半は産業技術班の班長を務めました。ハイテク分野のカーボンファイバー・プロジェクトでは、第三者評価を実施することでかなりのセンセーションを巻き起こし、相手側（担当省）とも熱い議論をしました。中国政府がアジア大会を1990年に開催した際には、筆者の担当するカーボンファイバー・プロジェクトを利用して、パンダのマスコット人形を製造・配布しました。しかし、途上国にオーナーシップが移行した Government Execution の弊害なのでしょうか？　オーナーシップを政府に移行することで、ときには波乱含みのプロジェクトになることを経験しました。最終的にはこのプロジェクトは政府に閉鎖され、迷宮入りとなりました。

その後、1年半は貧困地域に関連する仕事にかかわり、中国の僻地を訪問しました。中国のハイテク産業を司る東海岸の状況とはまったく違う内陸部では、人々の生活状況は貧しく、ハイテク地域とは比較にならないほど後発ともいえる状況でした。UNDP 北京事務所での国連開発計画屈指のエリート・精鋭職員との出会いは、キャリアを築くうえで励みとなり、とくにプロジェクト審査に関して、同僚に厳しい指摘もされました。切磋琢磨でき、素

モンゴルの冬

54

第2章　開発援助の現場から

晴らしい同僚たちでした。論理的な思考、開発概念形成は同僚に教授された
といっても過言ではないでしょう。

　国連職員として、開発プロとしての自信と誇りはこのときに芽生えたと思
います。

　昇進して、1992年ソ連崩壊後のモンゴルへ副代表として赴任しました。
ウランバートルは実に何もありませんでした。スーパーマーケットには旧ソ
連・コメコンの缶詰が3、4個転がっているだけでした。国連職員は皆、中
国に買い出しや、メールオーダーの缶詰で生活していました。

　1年の半分は冬で、1～2月は、とくに寒い日々が続きました。マイナス
30度の極寒に耐えながら、仕事をしていたある日、コメコン[18]が崩壊した
ため、送金が滞り、無一文になった数名の大使が国連に助けを求めてきまし
た。こんなことが、実際起こりうるのだろうか。国連職員でカンパを募りま
した。大使たちは悔しさに涙ぐんでいました。

　ボスの常駐代表は私に、モンゴルの国家開発計画の復興原案を作成する仕
事に従事するよう指示してきました。モンゴルを立て直す壮大なプロジェク
トリーダーとして従事できるとは夢にも思いませんでした。第1回モンゴル
開発会議で、モンゴル復興計画が承認されたことは、筆舌に尽くしがたい喜
びでした。

　その一方で、モンゴルの復興開発に目をつける火事場泥棒的な多国籍企業
も暗躍していました。たとえば、政府の依頼でモンゴルの金山やウラニウム
の採掘権を優位に提携しようとするカナダのMK社の契約書を精査しまし
た。契約はあたかもモンゴルの利益につながるかのように記されていました
が、安全性、環境面、労働賃金、社会・教育の貢献に関して、詳細には説明
されていません。本部と相談した上で、契約は締結しないように政府にアド
バイスしました。MK社は、国連が干渉して、契約が破棄につながった由、
裁判を起こすと脅してきました。モンゴル政府はMK社に事情を説明した

---

18)　経済相互援助会議：1949年にソ連の主導のもとで東ヨーロッパ諸国を中心とした共産
　　主義諸国（東側諸国）の経済協力機構として結成されました。西側での通称はコメコ
　　ン（COMECON: Council for Mutual Economic Assistance）。〈http://www.y-history.
　　net/appendix/wh1601-067〉参照。

後、24 時間以内に国外退去を命じました。これが、まさに筆者が言及している多国籍企業と途上国のリーダーシップに関連するガバナンスと説明責任の問題です。このようにモンゴル民営化では問題が多発しましたが、民営化のペース配分が重要で、その長短を理解せずして存在しえません。民主主義、民営化があたかもすべての国民に幸福をもたらすシステムとして鼓舞する特権階級が生まれようとしていました。

思えば、7 年を超すアフリカ勤務の後、いったんニューヨークに戻り、国連本部で経営分析、汚職摘発などに 3 年間携わったあと天安門事件後、混沌としていた天安門事件直後の中国へ異動、ハイテク関連の部署で広州、上海、長春までをカバーし、西部地域の農村開発にも携わりましたが、転勤を繰り返すなかで仕事の充実感として一番心に残っているのはモンゴルの国家再建の経験だと思います。

紛争解決にかかわる

モンゴルの仕事も軌道に乗り、家庭の事情もあって、学術休暇を申請しました。UNDP からの奨学金サポートもあり、1995 年、ハーバード大学ケネディースクールで世界の中間管理職の仲間たちと切磋琢磨することになったのです。1996 年に、待望の息子もボストンで誕生し、将来の身の振り方を考える時期が来たようでした。フィリピン次席代表のポストへ赴任する交渉がおこなわれている間、ケネディースクールのキャリアセンターから電話があり、某投資銀行のリクルーターが会いたがっているので、面談に応じてほしいとの連絡を受けました。東京ベースの仕事で、魅力的ではありましたが、出張が 1 年の半分以上と聞かされ、最終的には 1996 年フィリピンのマニラ事務所に赴任。家族 3 人での生活が、フィリピンのマニラから始まりました。

フィリピンでは女性ボスとの相性も良く Post Conflict（紛争後のガバナンス）の仕事を中心に、ミンダナオ島モロ民族解放戦線平和交渉に従事しました。リグワサン湿地帯は莫大なガス油田の埋蔵量がありますが、その湿地帯

第2章　開発援助の現場から

は急進派の MILF（モロ・イスラム開放戦線）[19] の本拠地でした。このことか
ら資源管理をめぐる紛争に身を置くことになります。

この時期、アジア経済危機や「援助疲れ」の関連で、国連開発機関は人員
カット、援助プロフラムの縮小を余儀なくされました。マニラ事務所も例外
ではなくとくに ASEAN 事務所の UNDP 事務所は、最貧国重視のため、財
源を縮小させられる方向で機構改革が進められようとしていました。コー
ナーに追いつめられた事務所は、私の提案した秘策としてフィリピン・ミン
ダナオ島の紛争の交渉に活路を見出したのです。政策的には ASEAN 初の
Post Conflict Peace Building Initiative となって予算を獲得し、援助協調の
方向性とも相まって、その仕掛け役となりました。

ミンダナオ島の MNLF との交渉は半年にわたりましたが、現地事務職員
との協力で、着々と進めていきました。コタバト市の市長セマ氏は MNLF
の総書記でした。私の個人的なサポーターでもありました。コタバト市はク
リスチャンの市民が大多数ですが、モスレムの市長が選出されているので
す。マスコミが世界で報じる宗教戦争とは、少しずれていることが判明しま
した。聞き取り調査の結果、宗教自体が中核となる紛争問題ではないことが
明白となりました。その後、貧困、教育、権利、不平等関連の問題を中心に
プロジェクトの形成がおこなわれていきます。

アフリカでの経験、中国、モンゴル、ハーバード大学での研究を実践に移
す絶好の機会でした。ミンダナオ島の政府交渉の歴史は、マレーシア、イン
ドネシアの仲介を忘れてはなりません。OIC（イスラム協力機構）も初めて
知ることになります。ASEAN 諸国の中で、マレーシア大使、インドネシア
大使は大変協力的で、UNDP をサポートしていただきました。

しかし、ミンダナオ島のプロジェクトと並行して、事務所内の汚職問題が
浮上しました。1年以上の監査の後、総務班5人の職員を懲戒免職させるこ

---

[19]　モロ・イスラム解放戦線：フィリピンの旧反政府武装組織。MILF（Moro Islamic
　　Liberation Front）と略称されています。1977 年にモロ民族解放戦線（MNLF）から分
　　派・独立し、サラマト・ハシム（Salamat Hashim）が中部ミンダナオのマギンダナオ
　　族やイスラム最大の部族であるマラナオ族等の支援を受けてミンダナオ島に結成した
　　モロ人（フィリピン・ムスリム）解放組織です。ミンダナオ島や周辺のパラワン州、スー
　　ル州、バシラン州等を活動拠点としています。

57

とになるのですが、このとき初めて、NYC 本部の監査部経験がかなり役に立ちました。家族や私には、この 5 人組から間接的に脅迫電話が幾度となくかかってきましたが、妻は冷静で、「正しいことをしているので、毅然とした態度を示すことが肝心だ」と言われて奮起しました。

フィリピンでは、緊急援助、復興、中長期的な援助政策の変遷と援助協調を組み合わせた理論体系を自分なりに研究・実践した達成感がありました。

5　家族かキャリアか

ブータンでの成功と失敗

1989 年 7 月、UNDP 常駐代表兼 UNRC 国連常駐調整官としてブータン王国に赴任することが決まりました。

ブータン王国では UN の総代表として、多種多様の任務があり、国連以外に在外公館のない国々に対する総務的な仕事から、UNHCR の連絡事務所としてネパール国内のブータン難民の仕事、首相の特別顧問として、国連外交の戦略的、効果的なアドバイス等、多忙でした。

ブータン王国は平和で、家に鍵をかけることはまったくなく、しかし、だれがいつ来るとも知れず、急なお誘いは日常茶飯事でした。国民の文化の象徴として、盆踊りのような舞踏、アーチェリー等があります。息子は初め現地学校に入学しようとしましたが、許可が下りず、オランダ国際学校に入りました。その後オランダ人の人口減少で国際学校も閉鎖。息子は寺子屋的な学校 Rosemary Tutorial 校に入学しました。自由で結構楽しんでいたようです。2,400 メートルの高地で鍛え抜かれた生活は、基礎体力づくりには最高でした。水質が悪かったため、氷は一切使用せず、息子には冷たいものは食べさせませんでした。息子に言わせると、テレビで見るアイスクリームやビーフステーキが夢に出てくるようで、早く食べたいと言っておりました。

2001 年に私と妻はチフスにかかり、息子には伝染しませんでしたが、折しも自分がセットしたブータン王国初の支援国会議の準備中で、大変な思いをしました。ブータンでは保守派との説得にかなり苦労しましたが、IT 関連の活用により戦略的な計画が構築できることを実証して、ブータン王国の

近代化に努めました。

支援国会議が大成功とあって、UNDP副総裁から電話があり、昇進させるから、アフリカ局に転任する由、説得されました。しかし、ブータンに赴任して、1年経っていません。日本人の常駐代表が世界で私一人、さらにブータン政府に対して途中で投げ出すような行為は、自分のプライドと責任において納得できませんでした。UNDP総裁の判断に背いたことになりますが、ブータンに留まることを決めました。自分の人生は自分で決める。その信念は曲げられなかったです。総裁は「昇進することを蹴って、私の判断に挑戦したのは、この組織でお前が初めてだ！」と言われ、かなりご立腹でしたが、理解していただいたようでした。

ブータンにて

この時期、私が大失敗したプロジェクトに、手編みのニット製品を副業として村興しに貢献できるプロジェクトの案件があります。正式に政府やUNDP本部の審査も通過したプロジェクトでしたが、ニットの副業プロジェクトから小規模発電プロジェクトに変更したいという嘆願書が村から届いたときには本当にびっくりしました。住民参加のコンセンサス構築を基本とし、立ち上げたプロジェクトがどうして、このような結果になったのか？

要するに、村長の面子や私の期待を反映してのニットプロジェクトという理解で、住民はしぶしぶOKしたとのことでした。住民の本音を見通せなかったのです。これはプロセス・コンサルテーションの重要性とコンセンサス構築のペースを誤ったことが原因でした。急遽、小規模発電プロジェクトに変更しました。人間は猜疑心が強く、胸襟を開いて、本音を表現するのには時間がかり、信用されるのにはさらに努力が必要だと感じました。

仕事と家族の選択

またもやハプニングが起こり、2002年、妻の病気で急きょ帰国することになります。一応UNDPには1年休職という形を取りましたが、仕事か、家族かという選択を迫られました。自分の失うものを混同してキャリアを選

択したために一生後悔している同僚たちを見てきましたが、いざ自分に降りかかってってくると、悩みました。「あなたもう帰ろう、息子と一緒に日本に帰ろう。仕事はどうにでもなるから！」妻は私に絶大な信頼を置いていることがわかりました。

2002年4月より母校関西学院大学総合政策学部で教鞭を執る話が浮上してきました。2001年10月に帰国し、日本での新生活が始まりました。妻は病院、仕事はもとより、子どもの面倒をしばらくみることになります。

その一方で、海外生活30年のギャップは大きなものがありました。日本の生活に慣れない。なぜか母国が外国のように感じるのです。エスカレーターを駆け上がっていく余裕のない日本のサラリーマン、数分電車が遅れるだけで、アナウンスを入れる駅の職員、何のための効率性を求めているのか。息子は、自分の部屋がブータンの犬小屋より狭いとか、文句たらたらですし、しつけが大変で、学校でもトラブルが多かったようです。毎週土曜日に妻を見舞うため2時間かけて、車の中で沖縄出身のDA PUMPの「IF」を大合唱「もしも君が一人なら……」[20]、2人ともISSAが大好きになりました。妻が退院してからの感想ですが、妻が病気になって入院したおかげで、私と息子が仲良くなったのは不幸中の幸いとか。

正直に言って、毎日子どもの世話や、大学での新事業の立ち上げ、自分の人生の生き方を目いっぱい考えた時期でした。そのなかで、家族と学生たちが私を励ましてくれました。いまでも村田ゼミ1期生〜7期生と、現3・4回生まで縦のつながりは強く、OB/OGにはメンターとして後輩のアドバイスをお願いしています。これから転職がありふれたものになってくる世の中で、頼りになるのはこのようなゼミの関係です。彼らが30歳になるまで、私はゼミ卒業生の相談や面倒をみることにしています。

専任教授として教鞭を執って5年目がやってきました。日本初の国連情報技術サービス（UNITeS）ボランティア、国連キャリアセミナー、等を立ち上げ、軌道に乗ってきた時期、2006年、UNDP総裁から電話で「東京の駐

---

20) DA PUMPは沖縄県出身のダンスボーカルユニット。ボーカルがISSAです。「IF」は2000年にリリースされ、同ユニットの最大のヒットとなっています。

日代表として復帰してほしい」との依頼を受けました。いままでの仕事とは
まったく違う、官僚、政治家との付き合い、そしてお金を集める仕事に従事
することになるのです。妻や息子は毎週末には神戸に帰宅するという条件
で、納得してもらいました。5年間、その約束は忠実に守られたと思いま
す。大学には一時休職願いを出し、その後、退職しました。

駐日代表として

　東京の仕事で一番つらかったことは、自民党が民主党に選挙で敗れ、その
後の資金集めの戦略を立て直すため、見知らぬ民主党の政治家集団に毎日毎
晩相談、説得に走った時期です。日本政府の拠出額は「仕分け」の影響で3%
ほどは減少しましたが、民主党の議員は官僚が嫌いで、私とは話し合いを直
接しますが、外務官僚とは直接相談することは稀にしかなかったのです。要
するに私は民主党議員に、政治家と官僚をつなぐブローカー的な要素を引き
受けていたことになります。

　この時期、国連総会で日本がMDGs Follow-up会議を開催する由を菅首
相に演説してもらうように、副官房長官と交渉していました。ところが、首
相の国連演説の原稿にその文言が入ってないことが発覚、首相専用機の電話
でニューヨークに向かう途中、説得して草案をねじ込んだことを思い出しま
す。

　UNDP東京事務所の経験は日本社会にどっぷりつかって、日本の政策決
定のプロセスや日本独自の管理文化に勤しむことができました。スタッフと
の関係、政府との関係、資金集めの難しさをひしひしと感じました。この種
の仕事には初めて従事しましたが、これほど難しい仕事は初めてで、日本人
として、国際機関に勤める職員として、その高潔さ、すなわちIntegrityを
試される良い機会になりました。「国際公務員であって、日本人で……」こ
の機会を通じて日本の政治・経済構造を勉強できたことは、将来の布石と
なったことはいうまでもありません。質の高いHuman Networkを維持して
こそ、大きな仕事を成就できるのだと思います。

6 バンコクにて

再び、開発現場に

2011年、国連アジア・太平洋経済社会委員会（UN/ESCAP）事務局次長
への仕事が舞い込んできました。連絡があったのは依然、間接的ですが、モ
ンゴル時代一緒に仕事をした本部経験のある上級職員からでした。「また"開
発病"が出てきたみたい」、そんなふうに言いたそうな妻でしたが、息子は
米国の Boarding School（寄宿舎学校）に入学が決まり、家内もバンコクと
神戸を往復するという条件で OK しました。

女性ボスとのチームを組むことは3回目。なかなか難しいリーダーたちで
した。国連ミレニアム開発目標（MDGs）[21] と持続可能な開発目標（SDGs）[22]
との変遷時期で、地域事務局としての存在意義と政府との関連業務の交渉は
機構改革につながっていました。MDGs はコフィーアナン事務総長の画期
的なレガシーですが、その跡を継いだバン事務総長は SDGs を打ち出しまし
た。概念としては、経済、社会、環境を融合させる形でバランスのとれた貧
困撲滅の開発政策ですが、政府の縦割りの構造、いわゆる各省庁が既得権益
を超越してまで、この政策が実行できるかが疑問視されると同時に、17
ゴール130以上の指標をどのようにまとめるのでしょうか。とにかく成功例
を立ち上げることが、国連の信用につながると同時に、難しいとか、できな
いとか、逃げ口上を言える状況ではありませんでした。

そのなかで私が目を付けたのが太平洋の島嶼国や内陸国、中央アジアでし
た。国のサイズが小さく、トップダウン型で、政策実施の調整や修正もやり
やすい点から、2015年 ESCAP 総会で私の提案した成功例を導く戦略は成
功裏に終わります。ブータン王国、カザフスタンも背後でサポートしてくれ
たのです。その後サモアで開かれた国際会議では、「サモア宣言」として

---

[21] 国連が2001年に定めた開発分野における国際社会共通の目標です。2015年までに達
成すべき8つの目標と、この目標を達成するために21のターゲットを定められていま
す。

[22] 2015年に国連が定めた、MDGs の後継となる目標です。2030年までに達成すべき目
標として17の目標と169のターゲットを定めています。MDGs で取り残された課題に
加え、深刻化する環境問題についての課題が目標に組み込まれました。

第2章 開発援助の現場から

SDGs実行に関する方向性が具現化していきました。MDGsとSDGsの関係から、組織内部の部局統合・調整が必要でした。その改革を前進させるためにはかなりの労力と内外の戦略が必要でした。メンバー国の意見も取り入れて、内部の行政改革も行いました。

スリランカにて

特別なプロジェクトとしては、中央アジアと北朝鮮のプログラムも担当しました。この特別なプログラムの詳細は極秘事項であるために詳解できませんが、誰もやりたがらない仕事が常に私のもとに振り分けられるようでした。

教育の場に戻る

2015年10月には国連での定年退職が決まっていました。自分の集大成として、母校の関学に戻り、「尖がった」逸材を育成する目標がありました。たとえば、Supplyサイドの経済学は何を意味するのか？ 世界の経済発展の指標として、なぜGDPの標準化が問題なのか？ 相互依存と米国影響力の限界やDemocracyのコストとは？

市民教育のレベル・社会インフラと統治、途上国の税制システムと財政問題、Trickle down to bottom up、開発政策の行政学、すなわち「開発行政論」という新しい分野を複雑な利害関係をもつ行為主体と連動させて、立体的に研究することが今後の目標になりました。UNDPの「人間開発報告書」、UN/ESCAPの「Green Growth」、ブータン王国の提唱する「GNH、国民総幸福」アプローチ、タイ王国の「Sufficiency Economy、足るを知る」農業政策のアプローチ、エクアドルの「Buen Vivir - Good life」等、昨今、途上国の学者から提唱されている開発概念は、人間を中心に置き、潜在能力の包括的な推進と物質・消費型社会に対する挑戦ともいえる開発アプローチを展開しています。

規範形成と政策実施には構造的に利害関係が関連しており、中央政府の処理能力の限界とも相まって、必然的に地方自治体への権限移譲、市民団体の

参画、官民連携という行為主体の援助協調・調整が推進されるようになってきています。

Column　Competence shift

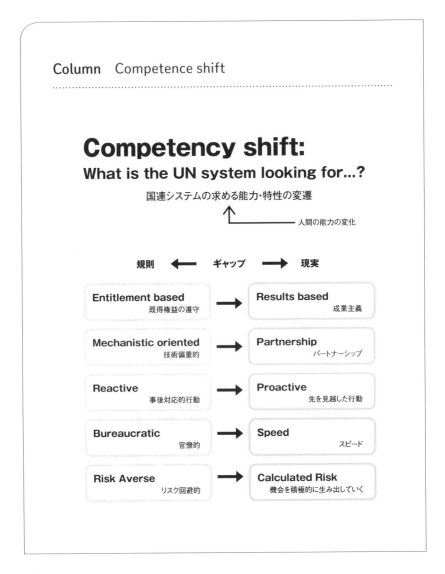

7 21世紀に求められる開発人材とは？
——ディレンマからの学び

　文明の衰退は、ゆっくりとした下降線カーブを描きます。米国リーダーシップの衰退によるグローバリゼーションの終焉はありうるのでしょうか？日本もその範疇ではないでしょうか？

　将来、プロとして活躍できる場所は日本のみならず、海外—途上国を含めてどこでも従事できるという精神で勉学に励み、“All Round”でチームワークを大切にする打たれ強い人材養成（心の痛みも理解・共有）が急務と考えます。

　All Round の意味合いは、自分がどれだけ open になれるか、すなわち、まずは相手の価観を受け入れて、考えることから始まるのではないでしょうか。私は、世界各国の問題に毎日直面するなか、上司、同僚、部下は皆、生い立ち、価値観、Background が違うなかで、一丸となって共通の問題にチャレンジしてまいりました。このプロセスで、独創的な解決策が生まれる可能性があります。All Round の価値観はそのようなプロセスで養われていくもので、単元的に存在するもではないと思います。

　要するに、フィールドワークや実際のケースに携わることを通じ、多少のリスクも覚悟しながら、責任をもって動ける強さや、人々との信頼関係を築き協力しながらプロジェクトを進める力を醸成することを、下記の3つのカテゴリーと通じて、強調いたします。

　Will DO（意思の力）：くじけない意思をしっかりもつこと。打たれ強い人間、すなわち気力、体力、根気、勇気と仕事に対する情熱をもつことが不可欠。

　Can Do（能力）：開発ワーカーになるためには、机上の知識だけではなく、フィールド経験、分析力、応用力が必要。とくに日本人は Communication/Presentation 能力に欠けるといわれています。多くの場合、それを厳しい生活環境の中で発揮していくだけの能力が要求されます。

Can Fit（適応力）：適応性と外交性は不可欠。価値観の混在する同僚たちとうまく協力していけるか。そういったことは仕事上の責任を果たすだけでなく日常の生活を送る意味でも必要であろう。「郷に入っては郷に従え」という意味です。

このなかでも、日本人のSoft-Spot（弱点）は適応能力でしょう。

私にとって国連はゴールではなく、トレーニングの場でした。幸せになるために、いまの自分より、明日の自分を啓発する。自分の問題解決能力を実践してみる。実践して初めてその価値観に目覚めるような気がします。国連のミレニアム開発目標や持続可能な開発のための2030アジェンダは、経済成長のなかで、構造的な差別や貧富の拡大に警鐘を鳴らしています。国連機関は少なくとも、地位や名誉のためでなく、人々のプライドと生活を取り戻すために、"Mastery for Service"を実践している組織だと確信しています。私たちは苦しんでいる人たちの心の痛みを理解し、知識と実践を積み重ねていき、このプロセスを通じて相互に解決策を見出していくことを使命とすべきでしょう。

All Roundに通用する日本人の"Resilience"―「打たれ強さ」とは、危機に臨んでも、簡単には、くずれない強さ、他人を思いやる優しさと包容力、引きずらないで、気持ちを切り替えて次に機会を見出す。まさに「苦しい状況においても歯を食いしばって次の機会を窺う解決能力」、この要素こそがResilienceの神髄であり、今後の関西学院で育成すべき人材の指針となるのではないでしょうか。最後に、英語での勉強は自己の高揚と学問には欠かせない手段であることも明記しておきます。

第3章
国際機関の人材開発
——世界で活躍するための心得

小西尚実

　国連 ILO ジュネーヴ本部人事局コンサルタント、外資系企業人事部にて採用教育訓練担当、アジア開発銀行予算人事局にて国際公務員の採用や教育訓練業務に携わる。その後アジア開発銀行総裁補佐官（Advisor to the President）を務める。2009 年に関西学院大学総合政策学部准教授就任。2016 年 10 月から 2017 年 3 月まで、国連 UNESCO パリ本部教育局技術訓練・職業教育チームに所属し、調査研究をおこなう。外務省委託 FASID 主催「国際機関向け人材発掘・育成研修コース」及び「外務省 JPO 派遣候補者研修」講師として国際機関をめざす若者への実践的指導をおこなう。京都大学大学院経済学研究科修了（経済学修士）、London School of Economics 修士課程修了（M.Sc.）、米国キャリア開発協会認定（NCDA）Global Career Facilitator。主な研究分野は、人材育成・キャリア開発、若者の雇用問題、途上国の人材開発政策および職業訓練・技術教育政策、ダイバーシティ・マネジメント。

1 はじめに

　読者の皆さんはきっと、"世界"や"グローバル"という言葉に心を弾ませ、ワクワクしながらも、同時に、多かれ少なかれ迷いや不安を感じているのではないでしょうか。私自身もそうでした。このような迷いや不安は、決して悪いことではありません。ときには、人生を前向きに後押ししてくれるエネルギーになるのです。私は2007年までの約10年間、日本、スイス、フランス、フィリピン・マニラと、国内と海外を行ったり来たりしながら、主に人事という人に関わる仕事に携わってきました。本章では国際的な職場[1]で、いま、何が求められ、どのような人材が必要とされているのかについて見識を深めてもらい、読者の皆さんがこれからの長い人生における自身のキャリアを、広く世界的な視野で捉えられるよう、そのきっかけとなる思考法や情報を提供していきたいと思います。そして、少しでも皆さんのキャリア形成に役立ててもらえることを願っています。

2 自己探求時期の20代
——ダブルマスター（2つの修士号）という選択

　最初に、私の学生時代の経験からお話しします。大学卒業後、社会科学の分野でより深いリサーチスキルを習得したいと思い、京都大学大学院に進学しました。周りの同級生は皆優秀で、その多くが研究者として残っていくような環境の中で、劣等感を感じながら勉学に励みました。自分にしかできないことを模索し、少しずつ世界への関心を高めていった時期です。

---

1)　本章で取り上げる国際機関：① ILO（International Labour Organization、国際労働機関）：世界の労働条件と生活水準の改善を目的とする国際連合最初の専門機関、1919年設立。本部はスイス・ジュネーヴ〈http://www.ilo.org〉、② ADB（Asian Development Bank、アジア開発銀行）：アジア・大洋州の開発途上国の経済開発促進を目的とした国際機関、1966年設立。本部はフィリピン・マニラ〈http://www.adb.org〉、　③ UNESCO（United Nations Educational, Scientific and Cultural Organization、国際連合教育科学文化機関）：諸国民の教育、科学、文化の協力と交流を通じて、国際平和と人類の福祉の促進を目的とした国際連合の専門機関、1946年設立。本部はフランス・パリ〈http://www.unesco.org〉。

第3章　国際機関の人材開発

　その折、転機が訪れました。指導教員が海外留学を後押ししてくれたのです。おかげで京都大学大学院を休学し、イギリスのロンドン・スクール・オブ・エコノミクス（ロンドン大学経済大学院、以降本章では LSE と記載）[2] に留学が実現しました。留学先を決定する際には、日本では学べないような研究領域やプログラムを世界最高の研究者のもとで学びたいという強い思いから、LSE の人的資源管理論とその関連分野がある修士プログラムに応募しました。

　私が学んだ人的資源管理論（Human Resources Management）は、組織行動、従業員の採用、教育訓練やキャリア開発、多様な人材の雇用問題や労働環境など、人を組織の重要な経営資源と捉え、積極的に経営戦略に活用する海外の最新の手法や理論的枠組みを学びます。日本では実務色が強く、学術的に学べるプログラムを提供する大学は国内にはまだありませんでした。京都大学大学院を退学せずに、休学したまま留学した理由は、双方の大学院を修了することで知識の幅を広げ、ダブルマスターで自分にさらなる付加価値をつけたいと考えたからです。

　LSE の同級生は、大学卒業後にストレートで大学院に進学した者は少数派でした。その多くは、世界的にも有名な企業の人事マネージャーやトレーナー、各国政府機関の人材開発政策に携わるプロフェッショナルなど、第一線で活躍している社会人たちでした。このようなさまざまな経験を積んだメンバーが一堂に会し、グループワークやケーススタディー分析で、刺激的なディスカッションが連日、繰り広げられていました。

　それまで日本で受けた教育とは違う世界に圧倒される日々でした。1 年間で修士論文の執筆と、すべてのコースワークの授業に合格しなければなりません[3]。

---

[2]　ロンドン・スクール・オブ・エコノミクス（London School of Economics and Political Science; LSE）はイギリスのロンドン中心部にキャンパスを構える、英国で唯一の社会科学に特化した研究・教育機関です。経済学をはじめ、国際関係学、社会学、開発学など多くの社会科学分野において世界トップクラスの教育を提供しており、これまで多数のノーベル賞受賞者をはじめ、多くの政治家や世界のリーダーを輩出して世界に貢献してきました〈http://www.lse.ac.uk/home.aspx〉。

[3]　イギリスの大学院は通常 1 年間で終了します。そのため、基礎科目はほとんどなく、入学と同時に専門科目と修士論文作成のためのクラスを履修し、修士論文の作成に取りかかります。アメリカと違って、夏季休暇などの休みが入りません。定められ

同級生の中には修士号を取得できず、帰国を余儀なくされた者もいました。「絶対に修士号を取らなければ、日本に戻れない！」と、まさしく死に物狂いの１年間となりました。

第一線で働いた経験のある多様なバックグラウンドをもった、価値観の違う同級生と関わるなかで、私自身の将来ビジョンが少しずつクリアになるのがわかりました。世界という視点からキャリアを考え、日々繰り広げられる真剣なグローバル・キャリア談議に、思考が洗練されていったのです。同級生の中には、国際機関でのキャリアを志望する者もおり、私も刺激を受け、"国際機関で働きたい" という "憧れ" が "リアルな目標" として自分の中で鮮明になっていきました。

3　グローバル・キャリアの扉開く
──初めての国連

LSE の修士号を無事に取得した後、京都大学大学院に復学しました。復学はしたものの、イギリスで経験したグローバルな環境が頭から離れず、国際機関でインターンシップに参加したいとの思いが募り、さらなる休学を大学院に申し出ました。

いまでこそ、多くの組織が学生向けにインターンシッププログラムを提供していますが、当時はインターシップという言葉ですら日本では馴染みがありませんでした。公式的にインターンシップをオファーしている国際機関も当時は非常に少なかったと思います。インターネットはない時代で、情報収集するには書籍しかありませんでした。近年は、留学や国際キャリア系の書籍があふれていますが、25 年ほど前は書店には、ほとんど並んでいない状況だったのです。

このような環境下、とにかく「国際機関で働きたい」という強い気持ちを抑えきれず、その可能性を模索しました。思い切って外務省に問い合わせの

たすべての科目を履修し、さらに９月までに修士論文が認められないと修士号が授与されません。

第3章　国際機関の人材開発

電話もしましたが、国連のインターンシップなどは把握していないと冷たくあしらわれたこともありました。しかし、国際機関で働きたいという思いは強くなるばかりでした。諦めずに考え続けていたとき、1つの方法を思いついたのです。

　自分のCV（Curriculum Vitaeの略で履歴書のこと）や、自分にはどのようなスキルがあり、どのような貢献ができるのか、自分をアピールする文書を英文タイプで作成し、エアメールで海外の主な国際機関の人事部人事課長宛てに直接送ったのです。その努力の甲斐があってか、約1カ月後、突然フランスのパリに本部のある国連UNESCO人事局教育訓練課から自宅に1通のファックスが届きました。インターンとして働かないかというオファーでした。パリから届いたこの1通のファックスが、熱望した国際的なキャリアの扉を開けてくれたのです。なお、CVやそこに添付するカバーレターは、次のキャリアにつなげていくために重要な書類ですが、その書き方については後ほどコラム「CAREER TIPS (2)」で触れますので、参考にしてください。

　突然のオファーにもかかわらず、仕事開始日まで2週間を切っていたため、ひとまずスーツケース1つを持ってパリに飛びました。もちろん住まいは決まっておらず……。英語ができれば、現地に着いてから何とかなるだろうと軽く考えていましたが、早々に苦戦することになります。というのも、当時のフランスでは日常生活では英語がほとんど通じず、フランス語が求められました。UNESCOの上司や同僚の助けを借り、少しずつ生活環境を整えました。新たな生活環境の中でトライ＆エラーを重ねて、環境適応力の大切さを学びました。

　同時に、仕事も始まりました。UNESCO本部内での文書やコミュニケーションで使用される言語は、英語ではなくフランス語でした[4]。フランス語

---

4)　UNESCO本部はフランスにあり、フランス語を主要言語とするアフリカ諸国などの加盟国の数が多いこともあって、支援活動や文書作成、コミュニケーションにおいてもフランス語が重視されます。そのため、英語と同等（またはそれ以上に）フランス語の能力が必要です。このように国際機関といっても、立地条件、歴史的発展、支援活動内容などにより、組織文化やコミュニケーション方法も異なり、重視される言語はさまざまです。高い英語能力はもちろん必須ですが、それ以外の国連公用語も仕事で使いこなせるレベルであることが求められます。

71

が未熟な私にとっては、生まれて初めての国際的な職場で、慣れない仕事と同時にフランス語の向上にもがき苦しみました。言語は、単なるコミュニケーションの "ツール" などといわれます。しかし、プロフェッショナルとして働くうえで、人との信頼関係を築く基盤となる言語の習得は、国際キャリアを考えたときに必須であると身をもって痛感しました。

　国連 UNESCO パリ本部では、主に、UNESCO 加盟国である途上国の政府代表団がパリ本部で受ける研修プログラムの企画立案のマニュアル作りや、教育訓練のニーズ分析、評価などの業務に携わりました。また、課内の会議やセミナーなどへの参加を通じて、実際に開発の現場における議論やイッシューに触れることができ、国際機関という職場において自分の力を試す貴重な機会でもありました。

　現在では、多くの海外にある国際機関もインターンシップを実施しているため、日本の学生も本人が望めば、海外の国際機関でのインターンシップに参加することが可能です。日本でよく見られるお客様扱いのインターンシップとは違い、国際機関で働くインターンには、求める人材の要件や職務内容が明確に提示され、限られた期間内に質の高いアウトプット（成果）を出すことが求められます。

　国際機関によって、インターンに求められる要件や業務内容は異なるので、最新の情報をキャッチし、周到な準備をすることが実現の鍵です。情報収集に関しては、74 頁のコラム「CAREER TIPS (1)」も参考にしてください。海外の国際機関でインターンシップに参加するということは、現地での生活すべてに自身で責任を持つということです。つまり、渡航や現地での生活の準備すべてに関して、インターン本人が自身で準備をする必要があるのです。現地で安全に業務をこなし、成果を出すことが求められます。精神的な maturity（成熟性）、自己管理能力、危機管理能力が、インターンにも求められるため、その経験は国際的なキャリアへの第一歩といえます。いまでは日本の多くの大学、大学院においても、海外インターンシップを実施しています。まずは、そのようなプログラムに参加し、海外で働くために必要

な経験を積み重ねていくのも良いかと思います[5]。

私は、UNESCO パリ本部での3カ月のインターンシップの後、そのパフォーマンスを認められ、さらに3カ月間の専門的業務を遂行するコンサルタント契約を結ぶことができました[6]。この UNESCO でのトータル半年間の経験が礎となり、20代半ばに私のキャリアの方向性が決まったのです。

パリから帰国後、無事に京都大学大学院を修

UNESCO フランス・パリ本部

了しました。その後、国内で就職することはせず、国連 ILO ジュネーヴ本部人事局で半年間コンサルタントとして働く機会を得られ、今度はジュネーヴに飛びました。思い返せば、日本と海外を行ったり来たりと、試行錯誤の20代でした。短期間で自分の CV やカバーレターをアップデートして送付し、契約を結び、旅の準備や現地の住まいの手配など、この時期に段取りよく物事を進めていく力が鍛えられた気がします。英語での履歴書やカバーレターを作成する文書能力、自分をアピールする表現力や発信力、さらに交渉力など、手探りながらもグローバルな職場で生きて抜く力を実践で養っていくことができました（次頁のコラムも参照）。

---

[5] たとえば、関西学院大学には、国連ボランティア計画（UNV）との協定に基づき、学生を開発途上国にボランティアとして派遣するプログラム「国連ユースボランティア」や、国際協力機構（JICA）がおこなう青年海外協力隊事業への参加機会があるほか、国際機関である赤十字国際委員会（ICRC）、海外の教育機関、NGO 事務所など開発途上国でボランティア活動をおこなう本学独自のプログラム「国際社会貢献活動」などを実施しています。詳しくは、〈http://www.kwansei.ac.jp/c_ciec/c_ciec_005757.html〉を参照。

[6] 国際協力にはさまざまなかかわり方があり、プロジェクト・ベースで契約を結ぶコンサルタントも、国際協力活動に関わる仕事の1つです。高度な専門技術と経験をもって、開発協力の現場における調査を実施し、国際機関の援助計画の実現をサポートする重要な役割を担っています。

Column　CAREER TIPS（1）
国際公務員への最初のステップ
主体的にキャリアを築く情報収集の基本姿勢

　将来、国際公務員を志望する人は、学生のうちから、積極的にさまざまな "生きた情報" に触れ、分析検討する経験をしておきましょう。外務省 HP の国際機関人事センターのページには、インターンシッププログラムを含む国際機関の採用情報が掲載されています〈http://www.mofa-irc.go.jp/index.htm〉。近年、外務省も積極的に日本人職員の採用を後押しするようになり、さまざまな情報やイベントを提供しています。

　ただし、いずれ海外で専門家としてキャリアを築きたい、国際機関で働きたいと願うなら、日本語の情報だけに頼っていてはいけません。英語（または他の国連用語）で、希望する機関の活動やどのような人材が必要とされているのかなど、身近な範囲を超えて、自ら積極的に情報を入手し分析していくことを強く心がけましょう。たとえば、国際機関本部のホームページにアクセスし、活動内容や必要とされる人材の要件などに関する情報を確認します。インターンシップを含む人事情報は、たいてい "Employment"“Human Resources”“Career” 等のページに載っています。そこには、採用情報や入職後のキャリアパス、現在募集中の職種の応募要件や条件などが掲載されているので、自ら研究（research and analyze）するのです。

　最初は見慣れない英語の表現に戸惑うことがあるかもしれませんが、少しずつ理解を深めることが大切です。各組織の HP には最新情報が満載です。その機関の活動報告に関するレポートや報告書なども丁寧に読み取ることで、グローバルイッシューへの理解を深めることができ、実用的かつ高度な英語力が鍛えられます。時間をかけて、情報収集と分析をおこなう作業を通して必要とされる人材をイメージしながら、長期的な視点で、どのような学歴や経験を積むのがよいのか、よりリアルなキャリア設計を立てることで、「国際公務員になりたい！」という夢への現実に一歩近づきます。最後に繰り返しますが、手間を惜しまずに正確かつ最新の情報収集をすることから、国際的なキャリアは始まっているのです。

第3章　国際機関の人材開発

4　あえて“遠回り”を選択
　　——日本への帰国

　20代に2カ所の国際機関で職務経験を得たことで、「国際機関で働きたい」という思いが、自分の中で以前にもまして強くなりました。将来、国際機関でプロフェッショナルとして働くときに、どのような強みが持てるのか、どのようなスキルや経験を持っておくのが有利になるかを冷静に考えました。その上でまずは日本の民間企業で働き、日本のビジネスの現場を経験し、自身の幅を広げておくことは、将来、国際機関で働く上で必要と考え、日本に帰国しました。[7]

　外資系企業に入社し、人事採用担当者として新卒の採用計画立案、採用プロセスの企画、実施におけるチームリーダーとして主務を担当しました。その企業では初めての女性人事担当者でしたが、自分としては最大の努力をして成果を上げ、年間のハイパフォーマーに贈られる社長賞を受賞することもでき、会社への貢献を果たしたと自負しています。

　民間企業で働く間も、いずれ国際機関でキャリアを築きたいという目標は常に意識していました。そのため、とくにビジネス英語のライティングスキルや時事英語のリーディング、スピーキングスキルなどの向上には時間を割きました。同時に、東京で開催された国際機関のリクルートメント・セミナーに足を運び、最新の採用情報を収集しました。さらにさまざまな国際機関の人事局に自分のCVやカバーレターを送り続けました。

　現在の与えられた職務で最大限の努力と成果を出しながらも、次のキャリアを意識してスキルのアップデートに追われる日々でした。海外では、仕事のオファーが突然くることが多く、そのチャンスに対して敏速な対応が求められます。チャンスへのアンテナを張ると同時に、そのチャンスを得るため

---

7)　国際機関は、多様な国籍や性別、経験のプロフェッショナルの集合体であり、即戦力や高い専門性を持った人材を世界中から求めています。グローバル化にともない、日本の民間企業で働く優秀な人材が、国際公務員として転職するケースも年々増えており、日本人にとっても、国際公務員はグローバルキャリアの1つの選択肢としてより身近なものになりつつあります。

75

に最大限の準備を進めることが重要です。常に世界最新のキャリア情報を収集することは大変でしたが、その先のキャリアの可能性を考えるとむしろ心が弾み、モチベーションを高く保つことができました。どのような状況下にあっても、内から湧き出るモチベーション（self-motivation）を保つ力は、国際機関をはじめグローバルな職場で働くうえで重要な資質の1つなのです。

　民間企業で3年目を迎えたある日、突然、フィリピンのマニラに本部のあるアジア開発銀行（ADB）人事局から1通のメールが届きました。採用選考への招待でした。その後、選考を経て正式なオファーを手にしたときには、ようやく自分が志していたグローバルなキャリアの一歩を踏み出せたと安堵し胸が踊りました。しかし、人生の大きな転機を迎えていることに、そのときの私はさほど実感はありませんでした。

5　国際公務員に必要な資質
──グローバルな組織で働くために必要なこと

　私の国際機関におけるキャリアのスタートは、フィリピンのマニラにあるADB本部の人事局人材計画課の人事スペシャリストとして、国際公務員の採用および教育訓練に関する一連の業務の担当からでした。着任後2週間足らずで、最初の出張が入りました。インド、パキスタン、そしてバングラディッシュの南アジア諸国3カ国への出張です。各国では、国際公務員を志望する応募者の面接を実施し、さらに、3カ国にあるADB地域事務所の職員に対して、ADBの最新の人事制度や人事規則、および職員のキャリアマネジメントに関するセミナーの実施が主な業務でした。国際機関は、本部以外に地域事務所が世界各国にありますが、人事に関する諸制度や規則は世界共通です。いまでは、会議やセミナーはスカイプなどITテクノロジーを活用し、時間差なく同じ情報を共有できるようになりました。以前は、本部から人事担当者が定期的に地域事務所を訪れ、地域事務所で働く職員たちとface-to-faceで話をすることが重要な業務の1つでした。私にとって、初めての南アジア諸国への約2週間の出張は、連日休みなく、癖の強い聞きなれない英語を相手に、ときには厳しい交渉や討論が繰り広げられ、疲労困憊し

第3章　国際機関の人材開発

ました。しかしながら、これまでの国内外で培ってきた人事関連業務の実務経験を即戦力として発揮でき、比較的スムーズに新しい職場環境でのスタートを切れたと思います。それほど大きなカルチャーショックは感じませんでした。それは Transferable skills（トランスファラブル・スキル）を新しい職場でうまく活用できたからだといえます。

キャリア形成に重要な"Transferable skills"について

　私自身のキャリアからは少し離れて、国際機関で働きながら、キャリア形成していくうえで重要だと感じたこと、そのうえでのアドバイスをこれから述べます。このトランスファラブル・スキルとは、「組織を移動しても応用できる知識やスキル」のことです。仕事に必要な専門的技能や知識のいわば礎となる、仕事をする上での基礎力であるといえます。国連の職員向けの人事マニュアルにも、職員のキャリア開発に、トランスファラブル・スキルの習得が重要であることが述べられています。図3-1に、トランスファラブル・スキルの例を分類して紹介します。

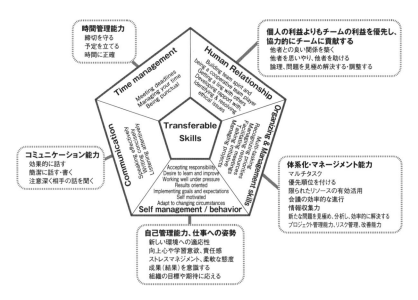

図3-1　Transferable skills（トランスファラブル・スキルの例）

77

以上のスキルに加え、公的な客観性の高い証明が可能な資格（学歴や国際的に通用する公的な資格）や語学、ITスキルなどは、現代においては、どの組織でも役立つトランスファラブル・スキルであるといえます。また、急速なグローバル化が進む現在においては、海外経験（その国や特定の地域における滞在経験や情報など）は、国連だけでなく民間企業など多くの組織で有益とされる経験（知識を含む広義のトランスファラブル・スキル）であるといえるでしょう。一般的に、多様なスキルに優れていればいるほど職を獲得する可能性が高く、より長期的な雇用の機会につながるといわれています。トランスファラブル・スキルは、学校教育から長い時間をかけて、さまざまな経験の中で育まれていく能力のため、本人が意識し、それを活用しようとしなければ開発されるものではありません。これらのスキルは、組織の枠を超えて、自身の長期的な雇用の可能性に結びつくスキルのため、学生の間から、ぜひ意識をしましょう。

諸外国に比べて劣る日本人の自己表現力やアピール力

　私は、国際機関で人材計画や教育訓練業務に携わり、職員の採用プロセスや教育、訓練を担当しました。そのなかで、度々感じたのが「日本人はもっと自己のスキルや意見をアピールすべき」ということです。

　たとえば、ビジネスのプレゼンテーションや、会議内における発言、交渉が必要な場面でも、日本人はアピールが足りないことが多く、実力が十分に発揮できていないと感じる場面にたびたび遭遇しました。自分とは異なる多様なバックグラウンドを持つ人たちに、自分の伝えたいメッセージを的確に伝えることができず、結果思うような成果や評価につながらない状況が起きます。さらに、日本人の履歴書上の表現方法は、諸外国の応募者に比べるとかなり見劣りします。本来、履歴書とは、本人の"成果（achievements）"や"付加価値（value-addition）"を強調するものです。しかし、日本人の場合は、企業や組織へ就職するという帰属意識が強いためか、チームと個人の成果があいまいで明確に切り離して表現できていません。そのため、採用側にどのようなメリットがあるのかというアピールが非常に弱いのです。以下のコラムに、英文のCV（履歴書）を書くうえで重要なポイントを簡潔にまと

第3章　国際機関の人材開発

めています。皆さんも、いずれ英語で CV を書く機会が訪れたときに、ぜひ参考にしてください。

Column CAREER TIPS（2）
キャリア形成の鍵　効果的な CV の書き方

………………………………………………………………………………………

　私は、英語での CV やカバーレターの書き方をアドバイスする機会が多くありますが、残念ながら、CV の重要性を理解していない人が多数です。たしかに、面接や筆記試験など選考プロセスに関する準備や対策は必要ですが、何といっても CV は最初に人事担当者が目を通す最重要ステップです。

　欧米型の成果やスキルをベースとした CV を書くには、まずは丁寧なセルフ・アセスメント（自身の振り返りと、キャリア目的に合わせた経験やスキルの整理分類をするプロセス）が重要です。自分の経験から、強みとなるスキル（77 頁に記載のトランスファラブル・スキルを含む）や、仕事をするうえで重要となる価値観、関心のある分野を整理することがまず必要です。自己を振り返り、経験や知識を整理・分類する作業は時間がかかります。ただ、このプロセスを怠ると、説得力のある CV やカバーレターを書くことは困難になります。

　また、成果（achievements）や採用側からみた価値（value-addition）を意識し、応募する組織や職種に応じた書き方の工夫もポイントです。国際機関への志望者のカバーレターを見ると、自分のアピールを前面に出した自己中心的な内容が多く、落胆することが多いです。一般的に CV は、"自分をアピール"をするものではありません。説得力のある CV は、個人の熱意やストーリーなど、人間性や情緒面を推すのではなく、プロフェッショナルな能力、経験、成果が簡潔に明記されています。採用担当者は、毎日何百通という応募書類に目を通すため、自分本位な文章では最後まで読んではもらえません。

採用に結びつくCVは、採用側の立場に立って作る必要があります。応募先の組織分析をしっかりとおこない、重要なキーワード（コンピテンシーなど;83頁を参照）を記載し、自分の経験やスキルに照らし合わせることが重要です。あなたを採用すれば採用側にどんなメリットがあるのか、採用側のニーズに応えているか、を常に意識して作成してください。また、文法間違いや誤字脱字がないように注意しましょう。誤字脱字、簡潔に要点をまとめていない文章は、プロフェッショナルではない印象を与えます。最後に、CVは単に就職や転職時に使用するものではなく、あなたを表す大切な顔であることを忘れないでください。定期的に自分を振り返るためにも、2、3年に1度はCVをアップデートしてください。日々忙しいなかで自分を客観的に見る機会を意識して確保し、自分にはどのような強みがあり、どのような経験や知識が足りないのかを把握しておくことは、次なるキャリアへの大切なステップになります。

　ところで、日本人が一般にアピールが弱い原因の1つは、自信をもって履歴書に記載できるような経験を積んでいないことがあげられます。つまり、学校や若年の間に、さまざまなボランティア活動やフィールドワーク、海外留学（異文化体験）などの経験が少なく、さらに、主体的に企画立案に関わる経験や、広く人間的な広がりを促す経験などが圧倒的に少ないということです。国連や国際機関での仕事は、ニューヨークやジュネーヴなどの本部勤務だけではなく開発途上国でのフィールド（現場）や世界各地への転勤もあります。どのような環境下においても着実に成果を出せるようになるために、若いときから積極的に視野を広げ、人間の幅を広げる多様な経験をしておくことを奨めます。また、実際に働き出したあとは、定期的に自身の仕事上の役割や成果を整理し把握しておくことも必要です。仕事の成果と自分の役割を言葉で端的に表現することを日頃から習慣化しておきましょう。

第3章　国際機関の人材開発

　日本ではいまだに卒業した学校名、会社名等、自分の所属先が重要視されることが多くあります。しかし国外に一歩出れば、自分自身にどのような経験や強み、成果があるのかが評価の対象になるのです。今後は日本の会社でも、入社して定年まで働き続けられる保証はありません。新たな知識や技術の習得を貪欲に求め、積極的に自己啓発に取り組む姿勢が必要です。

　「あなたは組織にどう貢献し、どんな付加価値（value-addition）をもたらすのか？」これは海外の採用選考で必ずといっていいほど問われます。この問いに明確に回答できる日本人は多くはないでしょう。自身を客観的に理解することは、人生における成長過程の一部です。それは、組織や教育機関で学ぶことではなく、自分の責任においてなされることです。自分自身を振り返り、自分を形づくる知識やスキルを精査していく過程、それがキャリアデザインの第一歩なのです。

6　国連の人材マネジメントシステム

世界で活躍する国連職員

　ここからは国際機関の組織を取り上げ、その人材育成制度の特色を明らかにし、そこで働くプロフェッショナルに必要な資質やキャリア形成の特徴を探っていきます。

　国際連合は70年ほど前に、主に本部で実施される交渉や協議による多数国参加型外交を重視した政府間組織として設立されました。いまでは、平和と安全、人道援助、人権と人間開発といった分野における多様な責務を担う現場（開発途上国などのフィールド）ベースの組織へと進化を遂げました。図2-2は、本部とフィールドの国連職員数[8]を年度別に表したものです。現在、職員の多くが、本部以外の現場（フィールド）で働いています。また、国連では、職員の男性と女性の比率を50/50にするためのさまざまな制度的取り組みが実施されており、全体の国連職員数のうち、女性は2013年度で

---

[8]　この図における国連職員は、長期および短期契約（both permanent and fix-term）のスタッフも含んでいます。（出典：General Assembly "Composition of the Secretariat: staff demographics" Report to the Secretary General 30 August, 2014）

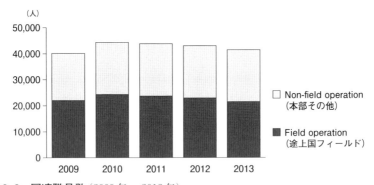

図 3-2 国連職員数（2009 年〜 2013 年）
2013 年の総数は 4 万 1,273 人。

33.9% を占めています。[9]

　国連では、組織と個人のキャリア形成に重要となるコンピテンシー（competency）をベースとした雇用政策がとられており、数年ごとに組織や部署を横断的に移動しながらキャリアを形成していく、複雑なキャリア形成プロセスを経るのが特徴です。なお、コンピテンシーに関しては、後ほど詳しく説明します。組織は、その多様な人材一人一人が能力を発揮できる機会を提供できなければならず、個人は、主体的にキャリアを築いていく責任が求められます。国連機関は、原則終身雇用制度はとっておらず、コンピテンシーをベースとした業績の評価と管理がなされ、契約を結ぶことになります。

　採用側の立場からは、職員の雇用および勤務条件を決定する際に最も考慮すべきことは、最高水準の能率、能力および誠実（efficiency, competence, and integrity）の確保です。さらに職員をなるべく広い地域から採用することの重要性については、妥当な考慮を払わなければならないということが、国連憲章第 101 条〔職員の任命〕に規定されています。つまり加盟国の範囲内で可能な限り、多様な国や地域から人材を採用することと同時に、最高水準の能力や優れた人材の雇用を実現することが求められているのです。これ

9）　出典：General Assembly "Composition of the Secretariat: staff demographics - Report to the Secretary General" 30 August, 2014.

が国際機関の特徴と言えます。

国連のコンピテンシー

さて、皆さんはこれまで、コンピテンシーという言葉を聞いたことはあるでしょうか？ コンピテンシーとは、一定の職務や作業において、たえず安定的に高い業績をあげている人材に共通して観察される行動特性を表した実践的な概念であり、1990年代から急速にアメリカを中心に広がりをみせました。いまでは、世界で多くの企業が、採用や管理者のリーダーシップ向上、配置、業績評価（パフォーマンスマネジメント）などの数々の人事管理業務の手法として活用しています。国際機関においても、コンピテンシーは、組織にとっては経営戦略を支える重要な人事戦略の根幹をなすものであり、個人にとってはキャリア開発を支援するものです。そのため、個人のキャリア開発を考えるときに、このコンピテンシーの概念をしっかりと理解し、そしてキャリアに活かしていくことが重要です。

上述の国連のコンピテンシーは、職員のキャリア全体を発展・強化させるために必要となるスキル・性質・態度のまとまりを指しています。コンピテンシーは一度で習得できるものではなく、むしろ継続したプロセスを通して

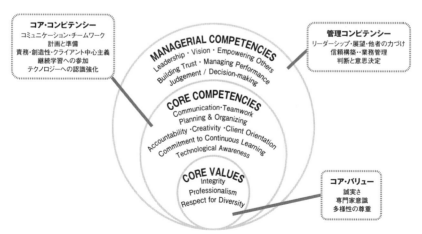

図3-3　国連のコア・バリュー（価値観）とコンピテンシー概念図
UN文書をもとに著者作成。

習得するものです。組織が管理運営するフォーマルな教育訓練も役立ちますが、経験・コーチング・フィードバックそして個人的な学習活動（自己啓発）も必要です。具体的な例として、たとえば第2章、村田先生のキャリア・パスの例をご参照ください。

　国際機関の採用時には、組織が職員に求める要件（その組織で働くうえで備わっているべき素養で、コンピテンシーに該当します）と、個々のポジションごとに職務内容（job description、その職で求められる作業内容や成果など）が明示されます。たとえば、前述の、国際機関としてのコンピテンシーの1つである"teamwork"は、次のように説明されています。「チームの目的を理解し、さまざまな文化的背景や考えを持つ個人と効率的に働く、組織の内外の多様なクライアントと強調し、好ましい関係を築く」など、数行にわたって国連で働くうえで teamwork がどのような意味づけなのかを詳細に説明しています。応募者は、明示された要件と自身の力量と照らし合わせて応募するため、日本のように「人気の会社だから力試しに受験する、皆が受けているのでなんとなく……」では決して採用されないのです。

継続的な学習は組織と個人双方にとっても最優先課題

　ところで、職員の専門能力・管理運営能力を維持することは、組織の将来にとって必要不可欠な投資であり、最優先事項です。組織、その管理職、および職員個人は、学習と能力開発を行う責務を共有しています。つまり、組織は、すべての職員の能力開発を積極的に支援し、モチベーションを高め、健全な労働環境を創る責任を負っています。

　たとえば、私の働いていた国際機関では、毎年5日間を自身の自己啓発に充てることができる"development leave"という休暇制度が、全職員に対して適用されていました。私は、自分の中期的なキャリアプランの実現に有益となるよう、有給休暇と5日間のこの development leave を組み合わせ、約3週間イギリスの大学院で専門的知識の習得を目的としたプログラムに参加しました。開発途上国での生活の中でついつい目の前の職務に没頭して、視野が狭くなっていたと気づかされました。

　私の同僚の1人は、1年間の study leave（現在の仕事に役立つ知識やス

第3章　国際機関の人材開発

キルの習得のための休暇制度）を取得し、留学後、元の職場に復帰しました。自身のスキルや知識をアップデートすること、これもグローバルな職場で、第一線で活躍し続けるためには重要な責務なのです [10]。

国際機関のパフォーマンス・マネジメント（業績管理）システム

　また、国際機関で働く上では、成果を出すということが強く求められます。ここでは、国際公務員の一人一人が職務を全うするために重要となるパフォーマンスサイクル（業績評価）上のワークプランの設計について紹介します。

　ワークプランとは、職員一人一人が、自身の1年間の職務上の達成目標とそれを実現するための具体的な基準であり、年度末に目標の達成度に基づいて評価されるしくみです。ワークプランは部署内の重要なコミュニケーションの一環であり、自身のワークプランを練る際、自身の1年間の業務内容や責務を上司と丁寧に話をすることが大変重要です。自身が、所属する組織や部や課の戦略や方向性を十分理解し、自分のパフォーマンスを評価し、自身の今後改善すべき課題を理解したうえで、上司とディスカッションをすることは、国際公務員として働くうえで重要なスキルの1つなのです。それが、今後のキャリアに結びつく貴重な機会となるのです。自ら上司とのコミュニケーションを促し、ときには交渉する能力も必要です。

　ところが、私が人事局で職員の業績評価プロセス業務に携わっているなかで、このことを十分に理解している日本人職員が決して多くはないことに気づきました。自身のワークプランを話し合うための上司とのミーティングを重視せず、十分にコミュニケーションの時間を費やさず、ときには遠慮がちで強い交渉力を持たず、損をする日本人職員も多く見受けられました。「努

---

10)　UNESCO の人事マニュアルには、職員の学習と能力開発に関して次のように記載されています。「職員の学習と能力開発に関しては、組織、職員個人、および個人の上司の三者すべてに責任があるが、最も大きな責任は職員個人にある。すべての職員一人一人が、常に自身の知識やスキルを向上させる重要性を十分認識する必要がある。そのうえで、学習や能力開発の機会が与えられるべきである。その学習の内容は、組織の重要分野に関連し、また、職員の現在や将来の業務の目標やそれを実現するために役立つ知識や技術と合致するべきである」

85

力は報われる」「黙っていてもだれかが見ていて評価してくれる」「能ある鷹は爪を隠す」……などの日本的な考え方はグローバルな職場では残念ながら理解はされず、逆に損をすることが多いのが現実です。

7 国際的な職場におけるダイバーシティ・マネジメント

次に、国際機関の特徴の1つとして、その人材のダイバーシティ（多様性）を取り上げます。国連本部には約180カ国からの職員が共に働いています。まさに、国際機関は多様な人材の宝庫です。そこで働く職員一人一人のライフ・キャリアの形があり、それを尊重する職場環境が求められます。個々のニーズにあった働き方、学び方、そして休み方などをサポートするさまざまなしくみや制度は、それを活用されるよう全職員に理解され、その権利が当然取得でき、サポートされるものではなくてはなりません。形だけのダイバーシティでは、国際機関は成り立たないのです。

ダイバーシティの組織経営とは、性別、人種、民族、宗教といったデモグラフィーと、さまざまな知識や経験を得た専門的スキルの両方を実現した組織であるといえます。ダイバーシティ・マネジメントを実現している組織では、マイナスの影響を減じるためのインフラ整備がなされていることが重要です。つまり、情報や目標を共有するしくみに加え、意思決定の構造、基準、コミュニケーションのあり方や、採用や人事評価、教育訓練といった一連のワークプロセスを変革しなければ、真のダイバーシティは実現できません。組織を変えずに単に人材の多様性を進めても、そのベネフィットを十分に享受することは困難なのです。ダイバーシティのマイナス面を最小にとどめ、そのプラス面を最大限に活かしながら、ダイバーシティをツールとして組織を戦略的に変革することが求められています。

それには、ハード（制度上）の取り組みだけでなく同時に、ソフト（人の意識）の改革も不可欠です。この点においては、日本は課題が山積、まだまだ取り組みが不十分であるといえます。ダイバーシティは、日本ではとりわけ企業における女性や外国人等、特定のグループに対する限定的な取り組みとして理解されることが多いようです。国連機関の報告書等においても、日

本の女性の社会進出の低さ、男女の賃金格差などが度々指摘されています。日本政府によるダイバーシティ施策の遅れは、残念ながら世界では周知の事実です。今後の日本の人口構成を考えれば、一過性の断片的な取り組みだけではなく、多様な人材の確保は急務です。年代、性別、人種、経歴や多様なライフ・キャリアをもつ働く意志のある人たちが働きやすい社会制度の構築が早急に求められます。先進国でありながらダイバーシティの取り組みが最も遅れているという現実を、日本はしっかりと受け止めて、躊躇なく改革を実行する必要があります。日本が本気で「改革」する姿勢を世界に向け、さまざまな機会にアピールしていかないと、いずれ世界から見放されることになります。

8　人事スペシャリストからのキャリアチェンジ

キャリアチェンジとメンター

　再び、自分のキャリアに話を戻しましょう。人生には予期しないことが多々起こるものです。とくにキャリアに関しては、自分ではコントロールできないさまざまな事態が起こり、そのたびにキャリアチェンジを余儀なくされることもあります。それをさらなる成長の機会と捉えるか、挫折や後退と捉えるかは、本人次第です。

　私自身も、自分の考えていたキャリアプランとは大きく異なる、キャリアチェンジの機会がありました。私は、海外の大学院への留学後、国内外で長く人事スペシャリストとしての経験を積んできました。マニラのアジア開発銀行予算人事局で、国際公務員の採用や教育訓練業務に携わりながら、世界で通用する人事スペシャリストをキャリアの目標として、アジアからいずれ欧米へとその職場を移行することを考えていました。

　ある日、一本の電話が私のオフィスにかかってきました。組織の中でもまったく私には縁のない雲の上の世界でしかなかった総裁室から、「総裁のアドバイザーとして総裁室に来ないか？」との誘いでした。そのオファーを受けるということは、いままで自分が目指し、キャリアを築いてきた人事のスペシャリストではなくなるのでは？　そう考えると、言葉にできないよう

な不安が襲ってきました。それが自分にとって次のキャリアへのチャンスかどうかも、判断できなくなっていたのです。そのとき、私はメンターとして慕っていた複数の信頼できる人たちに客観的な意見を求めました。

メンター（Mentor、指導者）とは、"メンタリング"する人の意味であり、メンタリングとは、人の育成や指導に関わる方法の1つです[11]。メンターが助言と対話を通して、メンティー（Mentee、支援や助言を受ける人）の気づきを促し、本人の自発的な成長をサポートする方法です。とくに欧米では日常の職場の中で頻繁に聞く言葉です。どのような立場の人でも、ライフ・キャリアの過程で、さまざまな逆境や困難、また自分一人では判断できないような状況に直面することは多々あり、そのなかで客観的なアドバイスや支援が必要な場面に遭遇します。良き"師"との出会いは、ライフ・キャリアに大きな意味（影響や変化）をもたらします。自分が迷っていたり冷静さに欠けていたりするとき、メンターの存在のありがたさを感じます。メンターの存在がキャリア形成を後押しするということは、キャリア理論では実証されているのです。私自身、大学や大学院時代の指導教授に始まり、その後キャリアを築いていくなかでも、多くの良き師との出会いを通し、支援や有意義な助言をいただき、今日に至ります。自分なりに悩みながらも、メンターたちにも背中を押され、そして総裁室で次の新たなキャリアの一歩を進む決意をしました。

アドバイザーとしての役割

総裁室でのアドバイザーである私の役割は、簡単にいうと、総裁が組織の運営に必要な決定をする際に必要となる正確な情報を、組織内外で良好なネットワーキングを構築、かつ活用することで収集し、さらに円滑に総裁室が運営されるために必要なあらゆる業務をおこなうといういわば、縁の下の

---

11) 組織が制度化する公式のメンタリングと、個人のイニシアティヴによる非公式のメンタリングとに区別されます。メンターとメンティーの関係はあくまでも長期的な信頼関係が機軸であり、双方にとって学びのある関係であるということに注視すべきです。とくに組織におけるメンタリングについて詳しい参考書を挙げておきます。Ragins, B.R., and Kram, E.K.（2007）"The Handbook of Mentoring at Work: Theory, Research, and Practive", SAGE Publications, Inc.

力持ちのような存在です。その仕事は多岐に渡ります。たとえば、総裁の決裁が必要なあらゆる分野の内部文書のレビュー、総裁の各種講演スピーチや記事などの原稿を担当局と調整しながらの作成、さらにアジア開発銀行年次総会の運営が円滑に進むように官房との調整や開催国の政府関係者との折衝などがあります。多岐にわたる業務を、限られた時間内に正確に完成させる必要がありました。総裁の決断が重要となる局面で、加盟国との調整が必要な際、時間は自分でコントロールができないということがあります。加盟国で政権交代、自然災害、紛争などが起こった場合、最新の状況を把握するための迅速な情報収集と、組織としての対応策の検討や決定に必要な情報収集や文書作成など、いま思えば常に時間との闘いであり一瞬たりとも気が抜けない緊張感との闘いでした。組織のトップによって、仕事の進め方や組織全体が変わります。私は、ちょうどアジア開発銀行総裁の交代の時期に総裁室にアドバイザーとして働いていたため、銀行全体の業務が円滑に継続できるよう総裁室内外の関係者と連携を保ち、敏速に物事を進めていくことが求められました。ときには、厳しい態度で人に接しなければならない場面も多く、責任感と同時に、孤独感を感じていた時期でもありました。しかしながら、2人の総裁（千野忠男総裁、黒田東彦総裁）のもとで働き、一連の重要な意思決定プロセスに関われたことは、私のキャリアの中でも特別な経験であったといまは感じています。

さらなる人生の転機：キャリアの選択は人生の選択

　国際公務員のキャリア形成は、その人の人生そのものであり決して切り離せるものではありません。キャリアの選択はライフの選択なのです。私自身、30代で国際公務員職を離れることになるとは想像もしませんでした。またもや、人生の転機が訪れました。総裁室で3年を過ぎたとき、人生のパートナー（主人）と出会いました。私はマニラ、主人は京都という遠距離生活を半年続けたなかで、自分のライフ・キャリアの優先順位を考え、国際機関を離職することを決断しました。国際機関の職員は、常にライフとキャリアの選択の渦中にいます。日本に帰国し、関西学院大学総合政策学部において、若者たちの指導や教育に関わる機会を得たことは、私にとって幸いで

ありました。数多くの学生たちの学習やキャリア選択の支援をするとともに、私自身、学生とのかかわりを通して、多くのことを学ぶ機会を得たことを大変有難く思っていると同時にやりがいを感じています。

9　新たな働き方と主体的なキャリア形成を目指して
——劇変するビジネスの世界で求められる姿勢

　私は、現在、大学で教えながら、実務とアカデミック双方の視点から人材育成やキャリア開発、さらに働く環境の変化に着目し研究を進めています。読者の皆さんが、今後長い人生における自身のキャリアを、広く世界的規模の視野で捉えてほしいと考え、海外の動向を紹介します。今日、ビジネスの世界はグローバルな規模で劇的に変化しています。世界はかつてないほどフラット化し、組織は世界中の労働力を活用することができるようになってきています。近年の情報通信技術の発展が、一国の枠を越えて世界中とつながることを可能にし、個人の働き方や組織のビジネスモデルは、大きく変化しています。

　アメリカのジャーナリスト、トーマス・フリードマン（Thomas L Friedman）氏の言葉を借りれば、「人生のチャンスは、住んでいる場所ではなく、個人のスキルで決まる」世の中を、人類が初めて手にした時代だともいえます。[12] 先進国が市場を拡大し、安い労働力をより多く使えるようになったことだけが、このような時代をもたらした要因ではありません。低コストの通信網や、グローバルな共同作業ネットワークが飛躍的に増大したことなどの変化により、私たちの働く環境はこれまでとはまったく異質なものとなってきています。そのようななかで、世界的に個人の働き方や組織の在り方も大きな変化を遂げており、キャリアデザインが今日ほど重要な時代はないでしょう。ただ実際のところ、将来を予測しながら、キャリアを築いていくのは難しいことです。それでも、いま世の中で議論されている事柄、予想され

---

12)　トーマス・フリードマン（2010）『フラット化する世界〔普及版〕中』日本経済新聞出版社。

ている事柄を理解し、十分な備えをしておくことはできるはずです。長期的にプロフェッショナルとして働き続けるためには、自分の生き方を定期的に見直すことが欠かせません。これを実行するか否かは、いうまでもなく個人の決断に委ねられます。

経営組織論の世界的権威であるロンドン・ビジネススクール教授リンダ・グラットン（Lynda Gratton）氏は「今後は、より主体的に未来を築いていくことが重要である」と説いています。それでは、「主体的に未来を築く」ためにはどんなことが必要でしょうか[13]？

日本人は長年、終身雇用の慣行や伝統的な職業観により、自身でキャリアをデザインするという発想が概して乏しく、少なくともキャリア形成に関しては非常に受け身であるといえます。しかし、市場環境が厳しくなり、終身雇用や年功賃金を企業に期待できなくなるなかで、日本人も一人一人が自身のキャリアを意識し、主体的にこれを築く必要性が出てきたことはすでに述べた通りです。前述のフリードマンは著書の中で「終身雇用は、フラット化した世界においてもはや維持することができない。政府や企業による終身雇用が保障されない時代においては、いまよりも高いエンプロイアビリティ[14]を備えた人間になることを目指す必要がある」と述べています。継続的に雇用される機会を得るために、労働者は自分の一生の仕事やその成果に対して、より一層意識を高めると同時に、責任を持つ必要があるのです。職場を移動しても持ち運ぶことができる前述のトランスファラブル・スキルと、自分が継続的に成長し続けるための生涯学習の機会を積極的に持つことが、未来のキャリアを築いていくうえで鍵となります。これこそがエンプロイアビリティの源泉ともいえます。

---

13) リンダ・グラットン・池村千秋訳（2012）『ワーク・シフト──孤独と貧困から自由になる働き方の未来図〈2025〉』プレジデント社。

14) エンプロイアビリティの定義にはさまざまな解釈がありますが、とくに本章では、以下の定義が適していると考えます。「エンプロイアビリティは、スキル、知識、個人的特質の総合的な成果であり、学生が望む職位につく可能性を高め、個人、労働人口、地域社会、国の経済の利益となる」（York, Mantz（2004）"Employability in Higher Education: what it is - what it is not, Learning & Employability Series One" Higher Education Academy, U.K.）。

10 日本の"グローバル人材"ブーム先行の危機
——理想と現実のギャップ

"グローバル人材"の発掘や育成は、日本にとって喫緊の課題であることは間違いありません。しかし、日本におけるこれまでの"グローバル人材"のキャリアに関する取り組みや研究は、日本人をロールモデルとしていることがほとんどです。さらに、本来世界的視野から議論されるべき"グローバル人材の育成"という課題に対して、いまだに日本人同士の日本人からの視点で議論され、日本人を中心とした捉え方に偏っているのです。こうした傾向には疑問、ときには憤りさえも感じずにはいられません。

まずは、議論の場から意思決定まで、多様な人材で意見を交わし合うことが重要ではないでしょうか。グローバルと名のつく昨今の多くの取り組みが、どれだけ世界水準で通用するのか、満足な結果が出せるまでにはまだ長い時間が必要かもしれません。

フィールド（途上国の現場）からの学び：失敗を恐れず修羅場の経験を積む

私は 2010 年より毎年、大学のゼミにおいて、国境を越えて人々に影響を与えられる強い人材の育成を意識しながら、途上国フィリピン・マニラのごみ山や路上生活を強いられている貧困層の子どもたちへの教育支援活動を目的としたフィールドワークを実施しています。[15] 学生たちは、目標設定、計画、実施、評価という一連のプロジェクト・サイクルを学び、学生なりに[16]

---

[15] フィールドワークから帰国後、学生たちは、現地での経験や学びを日本にいる多くの人たちに伝えたいとの思いで、小中高校を訪問し、国際理解教育活動を実施しています。また、学生有志団体「Bridge for Children」を設立し、学生ができる国際協力活動を継続しています。学生が定期発行している英語のニュースレター及び、小西ゼミ生たちの活動内容やフィールドワークの様子は、関西学院大学総合政策学部ブログ〈http://kg-sps.jp/blogs/konishi/〉をご覧ください。

[16] Project Cycle Management（PCM）手法は、援助する側がより効率的かつ効果的に一連のプロジェクトを実施するために開発された手法で、国際機関や JICA などの開発援助機関で用いられています。この手法では、途上国の人々と援助する国のプロジェクト関係者が一堂に集まり、援助を必要とする人々の抱えている問題や課題を考えながら、参加型で実行されることを前提としています。実施機関や地域によって、使用されている用語や手順が異なる場合がありますが、基本的概念は同じです。参考

第3章　国際機関の人材開発

フィリピンのごみ山で暮らす14歳の男の子が描いた夢「家がない子供たちみんなで一緒に住める家を建てたい」

「看護師になって家族の病気を治したい」路上で生活するストリートチルドレン、12歳の女の子の描いた夢（フィリピン）

　想像力を最大限に使い手探りで、現地の子どもたちのニーズに合った教育プログラムを設計します。限られた時間と資源の中で、自分たちが何をすべきか、何ができるのか、朝夕問わず真剣に議論する姿は頼もしく思います。世界中のすべての子どもたちが与えられるべき学ぶ機会を得られず、何歳まで生きていられるかもわからない、劣悪の環境にさらされている子どもたちにとって、学生と過ごす数時間が、もしかしたら一生に一度の幸せな時間なのかもしれません。限られた時間ですが、現地の子どもたちに、人とのかかわりの意味、学ぶ楽しさを教えてあげたい、それが学生たちの思いです。

フィリピンのごみ山で暮らす9歳の女の子が描いた夢「夜も明るい家で、家族と暮らしたい」

　途上国では、計画通りに物事が進むことはまずありません。まさに、想定外の出来事が多々起こり得ます。昨年まであった教室は劣化して、崩れ落ちて使用できない、机も椅子もない。途上国では、とくに貧困層の人口爆発が問題となっており、ごみ山でも、現地ボランティアが把握できないほど子ど

　文書として次のものをあげておきます。"Aid Delivery Method Vol. 1 Project Management Guidelines", March 2004, European Commission.

93

もの数は増加の一途をたどっています。学生たちが、日本から準備してきた教材の数も足りず、予定していたプランも使えない。学生たちに突き付けられたこの厳しい現実を、彼らは身をもって体験し、自ら解決策を見出すしかないのです。

また、途上国には、途上国の物事の進め方があります。日本のやり方や習慣をそのまま適用しよう

日本の小学校の協力を得て、フィリピンの貧困層の子供たちに靴やサンダルを送る活動は2013年から、いまも後輩たちに引き継がれ継続しています。

としても物事は容易に進まず、現地スタッフやコミュニティーとの間に溝が生まれます。また、国際NGOのスタッフや現地のソーシャルワーカー、現地大学の研究者、私の元同僚であるADBスタッフなど、多くの人たちがこの活動を支えてくれて、現地でさまざまな協力を申し出てくれています。彼ら、彼女らの協力無しには、この活動は実現しません。国境を越えた人と人との信頼関係の築きや、言葉を越えた人との関わりの重要性もまた、この活動から学生たちに学んでほしいことです。成功のためには強固なチームワークも必要であり、ときには、個々の個性を生かし、チームを力強く率いるリーダーシップも必要となってきます。学生たちはその難しさを経験し、考えて行動することを通じて、人間的にひと回り成長した姿を見せてくれます。このような経験をした若者が、いずれさまざまな形で日本を必ずより良い国に変えてくれると、私は大きな期待を抱いています。

グローバル人材にふさわしい能力とは

「日本人はグローバルな環境の中でどのような能力を身につけるべきか、課題や改善点はどこか？」。この問いを、私は多くの国際的な職場で日本人と働いた経験のある外国人の上層部に問うてきました。改めて別の機会に皆さんにその結果を伝えたいと思いますが、今回は1つのエピソードを紹介したいと思います。

第3章　国際機関の人材開発

　先述したフィリピンフィールドワークの中でもう1つのイベントとして、マニラに本部のあるアジア開発銀行を訪問し、多種多様なバックグラウンドの国際公務員と交流の場も持っています。ある年、組織のNo.2であるR. Nag氏（前アジア開発銀行副総裁）から、私のゼミ生たちをランチに招待していただき、日本人が国際舞台において意識して身につけるべき能力について話していただく機会がありました。その能力として、次の3つのキーワードがあげられました。

1. **決断力**（Decision-making）
2. **自信**（Self-confidence）
3. **発言力**（Speak-out）

　慎重になるあまり決断に時間がかかる、手続きを複雑にする、先延ばしにする……。これらはどの職場でも見られる典型的な日本人の特徴です。まずは、できることから決断し、実行し、見える形でタイムリーに発信することが日本人に強く求められています。日本で美徳とされている謙虚さは、国境を越えると弱点になることがあります。表現力や発言力の低さは、国際社会ではいわずと知れた日本人の弱点です。Nag氏は、学生たちにこう言葉を続けました。「君たちの立場に立ちたい人は世界中に溢れている。君たちは恵まれている。それを自覚し、自信に変えて表現していく必要がある」。さらに「最も難しい選択肢を選ぶことで、自身の可能性やチャンスが広がる。将来のキャリアを考える場合、一番チャレンジングな機会を選ぶことが重要だ」とも。

　日本からの発信は優れた面も多々あります。一方で、世界から見ると不思議な日本の姿があるのも事実です。日本が否定や批判されたと卑下するのではなく、課題があればその改善策を考え、行動を起こすことをためらわないでほしいと思います。常に客観的に見る力、必要な改革を起こす力を身につけて、失敗を恐れずチャレンジし続ける勇気を若者にはもってほしいと切に願います。

11　おわりに
　──大学での学びがキャリアの礎となる

　世界を見渡しても大学進学率が高い日本では、多くの若者が大学に進学しています。しかし、大学全入時代に突入した昨今、卒業したという証明だけでは、その後のキャリアに十分な価値を見出せなくなってきているのも事実です。大学名や学士号の価値に加え、大学在学中に何を学んだのか、どんな知識や経験が身につけたかが厳しく問われる時代です。

　この10年ほどで、教育機関にも急速にグローバル化の波が押し寄せ、学生はさまざまな形で海外に出る機会がもてるようになりました。"交換留学でXX（国名）に行きました" "途上国のフィールドワークプログラムに参加しました" "ボランティアプログラムに参加しました" などと、自分をアピールする学生が多くなっています。しかし厳しい言い方ですが、そのような経験（表現）は、企業から見ると何の魅力にも映りません。

　重要なのは、その経験の中で、どのような知識やスキルが身についたのか、参加する前後の自己分析（課題や改善点も含めての自己評価や振り返り）、次のキャリアでどのように活かせるかをしっかりと理解できているかを見極め、的確に自身の言葉で表現することができるかがポイントなのです。それこそが、前述した "組織への付加価値（Value addition）" の答えです。学生と話をしていると、考え抜く力と自分の言葉で表現する力（伝える力）が非常に弱いと感じます。それは、瞬時にかつ簡単に情報やモノが手に入る時代に生きるがゆえなのか、簡単にあきらめてしまい、粘り強くないのです。"一度ダメでも違う方法で何度もチャレンジする＝あきらめない精神" は、皆さんにとって大いなる武器になると思います。

　また、他人から見れば、なぜ？と思うような遠回りも人生には必要な時もあります。いまの若者は、一見無駄に思えることには見向きもせず、リスクを怖がるあまり目的地への近道を探そうとする傾向がみられます。人生にショートカット（近道）はありません。自分なりにライフ・キャリアの目標を設定し、試行錯誤する長い道のりをもっと楽しんでほしいと思います。

　ぜひ、大学という開かれた学びの場で、思う存分に意見や疑問を投げか

け、教員や同級生たちと議論を戦わせてください。さまざまな意見に耳を傾ける柔軟性と、自身を客観的に分析する力、そして物事を論理的に表現する力、目標へと邁進する情熱……。これこそが国際的なキャリアの礎となるのです。1人で考えても結論が出るとは限りません。大学という場所でおおいに自分探しをしましょう。世界は皆さんの前に広がっています。

Column CAREER TIPS (3)
世界で通用するグローバルな人材になるために
大学時代に何を学ぶべきか

‥‥

　「大学での学びは、社会に出たら何の役にも立たない」ということをよく聞きます。おそらく就職活動などの面接時に、大学で何を学んだのか（知識やスキル）よりも、部活やボランティア活動、熱意や協調性など……。学外活動の内容や人間性に関する質問を受け、評価されると感じている人が多いからでしょう。

　しかし、大学4年間は、自分の意思で自由に学び、さまざまなことにチャレンジできる特別な期間です。大学では、教養科目、専門科目、国際系、キャリア系など学べる科目は多く、自分の希望で選択ができます。なによりも、自分なりに4年間の計画を立て積み上げていく力（プランニング力）、学外活動との優先順位づけなど時間管理（タイムマネジメント能力）、試験で課されるエッセイやレポート課題、テーマ設定から情報収集・分析という過程を経て論理力や的確な表現力（文章力やプレゼンテーション能力）を磨くなど、社会人として必要な基礎を学ぶことができます。また、さまざまなアクティブラーニングの課題を通して主体性や協働性なども身につけることができます。

大学は専門知識や技術を持った、経験豊富な人材に出会える場所でもあります。多様なキャリアをもつ教員から生き方や考え方を学ぶこともでき、自身の将来像を描くためには有効です。高校時代では得られないような素晴らしい経験が大学の4年間でできます。いまの時代に必須の、語学、ITスキル、統計の知識などの新たな知識を習得するにも、大学の4年間は十分に時間があります。

　もちろん、これらすべては人から与えられるものではなく、教科書やマニュアルがあるわけでもなく、すべて自分で決断し、計画し行動し続けることが必要です。どこの大学で学んだかではなく、どう学ぶのか、学んだ知識を現実の社会にどう反映させ行動を起こすのか、が重要です。長いようで短い4年の限られた期間をどのように使うか、実りあるものにできるかは、他ならぬあなた次第ということです。

第4章
外交の仕事は面白い

井上一郎

　1960年和歌山県生まれ。1986年外務省入省。在中国日本大使館一等書記官（経済・経済協力担当）、在広州日本総領事館領事（政治・経済担当）、外務省アジア大洋州局中国課課長補佐（政治担当）、第二国際情報官室課長補佐（安全保障担当）などを経て、2011年より関西学院大学総合政策学部准教授、2016年同教授。関西学院大学法学部卒業、米国タフツ大学フレッチャー法律外交大学院修士。主要論文として「政権交代における中国外交の変化と継続性―江沢民政権との比較における胡錦濤政権の対日政策」『国際政治』第177号（日本国際政治学会、2014年10月）、「危機と中国の対外政策決定―エスカレーションの意識と構造」『戦略研究』第16号（戦略研究学会、2015年4月）など。

1 はじめに

　まず、はじめに白状しておくと、私はこのトシになっても（執筆時点で50代半ば過ぎ）英語の国際会議などに出たり、ましてや英語で発表をして質疑応答を受けたりするのはいつもシンドイなあと思います。海外旅行は大好きで、食事はどの国の料理も食べ、フレンチやイタリアンや中華も大好きですが、一番好んで食べるのは和食です。外務省で20年以上仕事をしましたが、じつは高校時代は英語が落ちこぼれで、いまでも英語がペラペラとはほど遠い状況です。最近は「グローバル」とか「グローバル人材」という言葉が一人歩きして、世の中に氾濫し、私もついつい使ってしまいますが、実際にはそういう特殊な世界とか、特別な人たちがいるわけではありません。今日情報コミュニケーションが発達し、世界はますます狭く小さくなり、私たちは好むと好まざるとにかかわらず、また、意識しなくとも、あたりまえのように国境を越えた活動に巻き込まれています。つまり、私も、そして、これを読んでいるあなたも、すでに不格好なりに「グローバル人材」を演じていることになるのです。

　私自身は、他人様に自慢のできるような立派な仕事をしてきたわけではなく、また、そもそも、自分の半生を振り返るようなガラでもありません。正直、まだまだ後ろを振り向かず、前を向いて走っていきたいと思っています。一方で、地方出身のごくフツーの学生だった私が、その後、外務省の職員として「外交」という仕事の一端にかかわり、長い間海外で生活し、さらに、その後、大学教員に転職したことから、日本の社会とか教育のあり方にも関心を深めるようになりました[1]。本章では、読者の多くの方が大学生であることを想定し、ちょっと恥ずかしいですが、自分も学生時代にまで戻って、それからのパーソナル・ヒストリーを通じて、「外交」の仕事について紹介するつもりです。「外交」の仕事は特殊だと思われがちですが、そこで

---

1) 外務省は、東京にある外務本省と、世界各地にある在外公館で構成され、本省では約2550人の職員が働いています。在外公館には、大使館、総領事館、政府代表部があり、全部で約3450名の職員がいます。外務省ホームページより〈http://www.mofa.go.jp/mofaj/annai/index.html〉。

第4章　外交の仕事は面白い

の経験は（私の場合多くは失敗に基づく教訓ですが）、皆さんが将来どのような方向に進むにしても共有できるものだと信じています。

2　パーソナル・ヒストリー

落ちこぼれからスタートした学生生活

　第三者的に書きはじめると、こんなふうでしょうか。1980年の春、関西学院大学に入学したばかりで、いまよりも髪の毛もまだふさふさしていた井上青年は、上ケ原のキャンパスに立って戸惑っていました。当時、上ケ原の中央芝生は「上ケ原牧場」といわれ、芝生の上に学生たちが、まったりと寝そべっているのを牛になぞらえて、牧場といわれたものでした。まわりを見渡すと、すごくのんびりした牧歌的な雰囲気のなかで、この綺麗なキャンパスでこのまま心地よく4年間流されてしまうのかと妙に焦っていたのでした。

　法学部法律学科に入ったのはたまたまで、中学までは得意科目は理数系だったのに、高校に入ってからは数学落ちこぼれ組となり、文系に転身を余儀なくされるというよくある話です。学部を選ぶに際して文系のなかでは、法律を勉強しておけば何かの役に立つだろうといった程度の考えでした。1年生の春学期はとくにひどいもので、あまりやる気も起こらず、休みがち。ここだけの話、当時、月曜日朝1限目にあったキリスト教学の授業は、最初の1、2回出ただけで、あとは朝起きることがまったくできませんでした。それでも、慈悲深いキリスト教学の先生は、一夜漬けの試験勉強でなんとか合格にしてくれたけれど。ただし、毎回の出席がチェックされる語学にいたっては、英語も、そして第二外国語で選択したフランス語も、1年次はほとんど落第、2年次に再履修となり、複数ある再履修語学科目のどれか1つでも落とせば留年という状況にまで追い込まれました。しかし、いまから思えば、人間というのは自浄能力があるもので、落ちるところまで落ちると、「このままじゃあいかん！」という気持ちも芽生え、2年目からは毎日大学に出てきて、けっこうまじめに勉強に取り組むようになったのです。

　大学生活が少しはポジティブに展開しはじめたのは、やはり自分の居場所を見つけたからだと思います。これもはずかしいのであまり言いたくはない

のですが、上記の「このままじゃいかん！」という気持ちは、「法学部にいるので法律を勉強しなくては！」という、われながらあきれるほどきわめて短絡的な発想のもと、「法律研究部」という誰が聞いてもカターイ名前のサークルのドアをノックしたのでした。ただ、そこで出会った先輩、同級生たちはサークルの名前ほどにはコワモテでもなく、みんな個性的で魅力的な人たちで、結局、居心地よく卒業するまでお世話になりました。

もう1つ始めたことは、英語の勉強で、これもここだけの話、中学、高校では英語も苦手科目でフツー以下の学生でした。要するに英語へのコンプレックスが、自分をして英語の勉強に向かわせたということになります。当時、神戸元町にあったパルモア学院という、なんでも関西学院の創設者のW・R・ランバスのお父さんがはじめた由緒ある英語の夜間学校だそうで、大学2年次から毎晩通うことになりました[2]。月曜から金曜まで毎晩みっちり2コマの授業があり、良心的な学校で、授業料も安かった。宣教師ランバスのはじめた学校なので、英語学校なのに1限目と2限目の間になんとチャペル・アワーがあり、こちらのほうは、わりとまじめに出席していましたね。アメリカ人の宣教師を中心とする先生方も親切かつ教育熱心で、時々私たち学生は自宅に招いてもらったりしてました。昼間は大学、夜は英語学校というダブル・スクールの生活は大学卒業まで続きました。

結局英語はペラペラというレベルには到底到達しませんでしたが、しかし、人間の人生とはわからないもので、このときに英語への苦手意識がなくなったおかげで、後に外務省で仕事をすることになり、また、さらに後に、アメリカの大学院に留学し国際関係論を勉強することにもつながりました[3]。まあ、当時は、「法律と英語を勉強しておけば将来食いっぱぐれはない

---

[2]　パルモア学院は、明治19年（1886）に来日した米国南メソジスト派宣教師J・W・ランバス一家が、神戸元町の外国人居留地に創立した読書館から始まりました。その後、明治22年（1889年）には、子息のW・R・ランバスがパルモア英学院昼間部を母体に関西学院を創立、大正12年（1923年）には女子パルモアが設立され、その後の啓明学院となります。パルモア学院ホームページ「パルモア学院の歴史」から〈http://www.palmore.ac.jp/institute/history.html〉。

[3]　アメリカには、国際関係に特化した大学院がいくつかあります。国際関係論とは国際政治学を中心とした国際関係を扱う学問分野ですが、実際にそこで教えられているのは、外交や安全保障のみならず、経済や開発など、さまざまな国際関係に関わる広

第4章　外交の仕事は面白い

のでは」という打算的な考えがあったことはたしかです。しかし、若いとき
の打算的な考えというのは、あまりうまくいかないもので、法律の勉強は最
後まであまり好きになれませんでした。考えてみれば、法律学って大人の学
問で、当時の青二才の自分にはとてもその価値もわからず、興味が湧かなかっ
たということでしょう。

　結局、法学部で提供される憲法や民法、刑法などといった伝統的な法律科
目ではなく、法律学の本流とは言いがたい国際法を専攻することとし、ゼミ
は、その国際法のなかでも、とくに条約法がご専門の小川芳彦先生にお世話
になりました 4)。当時、国際法など勉強しても、後の人生で役に立つことは
まずあるまいと思いながら勉強をしていましたが、後に外務省に入ってか
ら、実際に外国との条約交渉にも参加することもあり、学生時代の勉強が大
いに役に立ったので、これまた人生わかりません。

　結局、自分の居場所も定まり、そこそこ忙しい学生生活を送るようになり
ました。入学当初は、「のんびりしすぎて自分には肌が合わない」などとエ
ラそうなことをいっていた関学の校風ですが、時間が経つうちに、そもそも
自分自身が、まわりの学生以上に、いちばんののんびり人間であるというこ
とに理解がいたる程度には自分も大人になり、きれいなキャンパスと、押し
つけがましくないキリスト教教育のもと、気がつけば心地よく大学生活を送
らせていただきました。

外務省を目指す

　大学3年になって、そろそろ自分の将来のことを考えはじめた際に、やは
り、海外とつながりのある仕事がしたい、できれば、外国にも住んでみたい
という思いがありました。いまと違って、交換留学などという制度はほとん
どありませんでした。たしか、当時、関学ではアメリカ・テキサスの南メソ

い分野で、こうした学校から国連など国際機関へ人材を多く輩出しています。
4)　国際法とは、簡単に言えば、国家間の関係を規定する法で、国際慣習法と条約から
　　成り立ちます。国際法が扱う領域としては、国家の承認や主権の問題、あるいは、国
　　家の領域、海洋法、条約法、国際機構、紛争の平和的解決と武力行使の規制などが含
　　まれます。

ジスト大学への1年間の交換留学がたった1名枠あっただけで、それも、大学1年次にはほとんど授業をサボって、とても自慢できる成績ではなかった自分には、応募資格はないと勝手にあきらめていました。

　当初、外務省を目指したのは、なにも日本の国益のために貢献したいという大上段に構えた崇高な思いからではありませんでした。それどころか、もっと低次元の話で、ようするに公務員試験を突破して外務省に入省することができれば、国費で2年間、語学研修という名目で海外留学ができるということを知ったからです。まことに志の低い話です。振り返ってみれば、あの当時、仮に、今日のように、簡単に海外留学が実現できていたのであれば、「外務省に入れば国費で2年間留学できるので、がんばって試験準備をしよう！」といった強い思いは生まれてこなかったかもしれません。情報やチャンスが多すぎるのも善し悪しで、当時は、情報が少なかったので、かえって自分で勝手に想像をたくましくして、それをエネルギーに変えることができたということがいえるかもしれません。

　試験勉強の準備は、これまた今日のような公務員試験用のスクールはそれほど一般的ではなかったので、志を同じくするゼミの同級生と勉強会を組んでやってました。関学は伝統的には、どちらかというと民間企業指向が強く、公務員試験や資格試験の勉強を、地味にシコシコとやるといった校風ではなく、こうした分野への就職実績は民間企業に比べればそれほど多くはありませんでした。こんなことやっているけれど、本当に外務省なんかに受かるのだろうかと友人とささやき合いながら公務員試験の勉強をやっていました。はたして、4年次の試験の結果は全滅で、外務省に入るためには、当時は、外務公務員上級職試験（いまの国家公務員総合職試験）と外務公務員専門職試験があったのですが、両方受けて、ともにあえなく討ち死にでした。

　いまから思えば、まったくもって、人生の危機管理というものができておらず、試験に落ちた場合のことをほとんど考えずに、民間企業への就職活動はおこなっていませんでした。ただ、あまり深く考えずに法学部のほかの学生も多く受けるからという理由で地元の県庁の地方公務員試験を1つだけ受けており、そちらのほうからは合格通知をいただいていました。ただし、将来は海外に飛び出したいと思っていた人間が、自分の地元に戻って地域に密

第4章　外交の仕事は面白い

着した地方公務員の仕事をするというのは、まったく人生の方向性が逆で、自分にとっては思いもかけない人生の展開となりました。しかしながら実際に現場で働き出してみれば、そこにはそこでのやりがいも感じ、1年も経てばズッとこのままここにいるのかなという気持ちも芽生えだしていました。

　その後、少し仕事にも慣れた2年目に、もう一度外務省の試験を受けて、今度は幸運にも合格した次第です。仕事をしながらだったので準備時間も限られ、このときは試験科目の少ない外務専門職試験に絞って受けました。このように書くと、苦節何年の難しい試験のように思われますが、それはいまから思えば、私の試験準備の戦略が間違っていたからです。外務専門職試験については、当時は、1年間くらい合理的に準備すれば十分合格できる試験といわれていました。実際に私の世代が入省する頃までは、外務省には関学出身の先輩は本当に少なかったようですが、最近は、入省して活躍されている方々もたくさんおられるようなので、関心のある方は、是非チャレンジしていただきたいと思います。

中国語をはじめる

　外務省では入省にあたって、海外留学に際しての研修語学を何語にするか希望を出すことになります。同期の合格者の中には、外国語系の大学や学部を出て、すでに入省試験の時点で、英語ではなく、ポルトガル語やヒンディー語で外国語科目を受けて合格したツワモノもいました。当時は研修語については第1希望から第5希望くらいまで出すことができ、もちろん第1希望通りにならない場合もあります。私の場合、入省試験自体は下手な英語で受けたわけですが、留学先の研修語学としての第1希望については、直感で、それまでまったく勉強したことのなかった「中国語」と書きました。英語はもちろん世界の共通語として、これからも重要だということぐらい当時の自分でも理解していたつもりです。ただ、英語圏の大学で研修して、英語ができるようになれば、英語というフィルターを通じてのみ世界を理解することになりがちです。一方で、世界には英語圏の主流の考え方でない、たとえば、アラブやロシアや中国やラテンの論理というものもあるのではないかと自分なりに考え、英語のほかにもうひとつ外国語を身につけて、複眼的に

105

世界を見られるようになりたいといった思いがありました。

　前述の通り、フランス語は第二外国語としてかじったことはありますが、大学1年次に単位を全部落とした暗い過去と苦い思い出しかなく、「ここは心機一転、新しい言葉に挑戦、これからはアジアの時代だろう、やるなら中国語だ！」と勝手に思い込みました。現代史を振り返ってみれば、そろそろ冷戦が終わりに向かっている時期だったのですが、当時に身を置くと、まだまだ米ソ間の厳しい東西対立が続き、そのなかにあって、中国は1980年代に入り、大胆な改革・開放政策を進めて、今後の国際政治の構造の変化を予感させるものがありました（詳しくは110頁のコラムを参照してください）[5]。いまになって思えば、大した根拠もないまま、「これからはアジアの時代でそのなかでも中国が鍵を握るだろう」と勝手に思い込んだ自分の直感は、それなりに当たっていたことになります。結局、外務省へ入省するにあたって中国語を研修語学として選んだのは、その後の自分の人生を大きく左右することになりました。人生というのは、その時々において自分がおこなった一連の選択の結果だとよくいわれますが、しかし、それぞれの時点での選択の意味なんてずっと後になってみなければわかりません。

　どの外国語を研修語とするかは、もちろんその後のキャリアにとって大きく影響するのですが、後に述べるように、外務省では、必ずしも特定の地域や言語と密接に関連する仕事だけでなく、経済や経済協力、国連など国際機関との関係、安全保障・軍縮不拡散、条約と国際法、広報や文化交流など機能別の仕事も多くあります。たとえば、フランス語を研修したものの、その後、経済協力関係の仕事が長くなった、あるいは、スペイン語を勉強したのに、その後の軍縮関係が長く、安全保障の専門家になったというようなケースもしばしば見られるのです。ただし、私の場合には、かなりいろいろな内容の仕事に関わりながらも中国関係の仕事が圧倒的に長くなりました。

---

[5]　冷戦とはアメリカとソ連を頂点とする世界規模の二極対立のことで、第二次世界大戦後の1947年頃からはじまり、89年のベルリンの壁崩壊から91年のソ連解体までの間に終焉したと考えられています。田中明彦／中西寛編『新・国際政治経済の基礎知識』有斐閣、2004年、55頁。

外務省で仕事につく

かくして、この原稿執筆時点から、もうなんとおそろしいことに30年以上前！の1986年に外務省に入省、1年後の1987年から、在外語学研修というかたちで中国・上海にある復旦大学に2年間留学、続けて上海の日本総領事館で実務に就くというかたちで、外務省職員としての人生のサイコロがころがりはじめたのでした。大した経験もない自分の人生の話を、あまり長々と話しても仕方がありませんし、また公務員、特に外交や防衛の仕事にあたる職員には「守秘義務」といって、仕事を通じて知り得た情報については、退職後も公開してはならない義務があるので、その後の展開については簡単に振り返っておきます（なお、総領事館等の在外公館については、116～118頁で紹介します）。

中国の大学での語学研修留学が終わり、1989年夏から上海の日本総領事館で実際の仕事に就きます。最初の担当は、広報・文化でした。当時はいまと違って、日本と中国との政治関係も良い時代で、上海やその周辺地域での日本研究・日本語学習の支援や日中両国間の文化交流などに携わりました。文化交流の担当といえば、上海で日本の着物のファッションショーを開催したり、日本のアーティストの上海公演のお手伝いをしたりと、普段は、なかなか接するチャンスのない文化人や学識経験者の方々に接することができるのは、この仕事の特権でした。また、日本の立場をメディアを通じて、相手国民に正確に知ってもらうのも在外公館における広報担当の重要な仕事です。

さて、1992年に、留学も含めると5年間の上海での生活を終え帰国して、外務省の経済協力局有償資金協力課という長い名前のところで、仕事をはじめました。簡単にいえば、日本政府としてのODAの仕事の1つで、私の担当は、東アジア、具体的には中国とモンゴルに対する円借款を供与する仕事です[6]。いまとは違って当時の中国はまだまだ貧しい時代で、鉄道、港湾、

---

6) ODAはOfficial Development Assistanceの略で「政府開発援助」といいます。ODAには、開発途上国・地域を直接支援する二国間援助と、国際機関への拠出である多国間援助があります。二国間援助には「贈与」と「政府貸付等（有償資金協力）」があります。贈与は無償で提供される協力で、無償資金協力と技術協力があり、「政府貸付等（有償資金協力）」には低利で長期の資金提供をおこなう「円借款」などがあります。外務省ホームページ「開発協力の形態」より〈http://www.mofa.go.jp/mofaj/gaiko/oda/about/oda/oda_keitai.html〉。

空港などのインフラ整備のための援助プロジェクト選定を、中国政府、および日本国内の関係部門と一緒になっておこないました。円借款の供与は、日本政府内では外務省だけではなく、国内のいくつかの省庁や実施機関と協議してまとめることになりますが、現実問題としては、この国内調整プロセスに時間とエネルギーがかかります。よく外交は相手国との交渉と思われがちですが、実際には、官僚組織間も含めた国内調整が、きわめて重要な仕事の一部となるのです。

　もう1つの担当国であるモンゴルは、当時、冷戦終結によって社会主義体制から脱して民主化・市場経済化を進めていました。一方で、かつての実質的には宗主国であったソ連邦が崩壊したことにより、石油をはじめとする主要物資の供給が停止され、民主化といえば聞こえはいいものの、現実には国内は大混乱状態で、毎年、あの寒い冬をどのように越すかというのが心配される状況でした。そのようななかで国際機関や先進諸国が集まり、モンゴル支援を議論し、資金を拠出するための支援国会合（ドナー会合といいます）が、当時、世界銀行と日本政府が共催して、毎年東京で開催され、私も事務方としてそのような国際会議の準備に走り回っていました（モンゴル支援については、村田先生が執筆された第2章4節［54頁］も参照していただければ、当時の状況が理解できるかと思います）。

　ODAの仕事を3年ほど担当した後、アジア局中国課（現アジア大洋州局中国・モンゴル第1課）で香港返還問題の担当をすることになりました。アジア局中国課は、日本の対中国政策の立案や総合調整、さらに、日々の交渉や懸案処理も含めて担当する部署ですが、私は中国そのものではなく、香港を担当することになりました。当時、香港は英国の植民地でしたが、英中両国の合意により1997年7月に中国に主権が返還されることが決まっていました（香港返還問題については、112頁のコラムを参照してください）。自由で開かれた貿易・金融都市として、多くの日本企業も拠点におく香港が、中国返還後もその経済的繁栄がスムーズに引き継がれるように、日本政府の立場から制度的な調整をおこなうというのが主要な仕事の内容でした。具体的にはそれまでの日本と香港との関係は、植民地香港の宗主国である英国と日本との条約関係によって規定されてきましたが、香港が中国に返還される

と、そのような条約関係は香港に適用されなくなるために、あらたな枠組み
をつくる必要が出てきます。そのため、日本と香港との間の航空協定や投資
保護協定を新たに締結するための交渉がおこなわれ[7]、また、交渉が妥結す
ると、今度は日本の国内において国会で承認するという手続きがあり、当時
は毎晩徹夜仕事で結構多忙を極めました。忘れていた学生時代の国際法の勉
強がこんなところで役に立つことになりました。

　1998 年に再び中国勤務となり、最初は北京の日本大使館で、その後、中
国南部の広州にある日本総領事館で、今度は合計 6 年間中国で仕事すること
になりました。日本大使館では先ず、総務部、その後、経済部に所属しまし
た。総務とはどこの組織にもある部署で、「みんながやらない仕事」「やりた
がらない仕事」は、すなわち総務の仕事であるなんて自虐的にいってました
が、大使館全体を見渡して、それぞれの組織がうまく回るように裏方で支え
るのが主要な役目でした。経済部では、ODA プロジェクトの実施に向けて
の相手国との調整や、経済情報の収集・分析などエコノミストのような仕事
もおこなっていました。当時、すでに中国は、日本にとって最大の貿易相手
国の 1 つになっていたので、北京の日本大使館経済部には、外務省のみなら
ず日本のほとんどの経済関係の省庁から職員が出向し、外交官として皆忙し
く働いていました。

　その後、私が勤務した広州は、当時「世界の工場」と言われるくらいに、
世界中から製造業を中心とした企業が集中しており、日本企業も自動車産業
を中心に数多く進出していました。当時の重要な仕事は、このような多くの
日本企業が、現地で円滑にビジネスができる環境を維持するために、日本政
府として後押しすることでした。

　2004 年に帰国して、外務省で再び中国関係の仕事をすることになり、以

---

7)　　航空協定とは、ある国・地域から別のある国・地域に民間航空機が乗り入れるため
　　に、お互いにあらかじめどれだけの便数やどのようなルールで受け入れるかを国家間
　　の約束として締結するものです。また、投資保護協定とは、ある国・地域から別のあ
　　る国・地域への投資、たとえば、現地での工場の開設、企業展開などが、きちんと相
　　手国の保護を受けられることを法的に確認するものです。これらの条約は、お互いの
　　経済関係が将来的にも安定的に保たれることを約束するもので、返還後の香港に対す
　　る信頼性を確保するうえで重要な条約だったのです。

Column　中国の改革・開放政策

　1949 年の中華人民共和国成立以降、毛沢東（もうたくとう /
Mao Zedong）のリーダシップにより、中国はソ連式の社会主
義経済モデルで発展を目指しました。その後、ソ連との関係は悪
化するものの、人民公社に代表されるように社会主義モデル自体
は堅持したため、非効率な経済運営は続き、結果として中国は経
済発展に取り残されたのです。毛沢東の死後、中国の実質的指導
者となった鄧小平（とうしょうへい /Deng Xiaoping）は、1978
年の三中全会（中国共産党第 11 期中央委員会第三回全体会議）
において、改革・開放政策を導入、政治はこれまで通り中国共産
党による統治を続ける一方で、経済は大胆に資本主義による市場
経済を採用、西側の先進技術と資本を導入し、中国経済を活性化
することに成功しました。その後、30 年以上、中国はめざまし
い発展を遂げ、今日の経済大国となる基礎を築いたのでした。鄧
小平以降の指導者、江沢民（こうたくみん /Jiang Zemin）、胡
錦濤（こきんとう /Hu Jintao）、習近平（しゅうきんぺい /Xi
Jinping）も、基本的にはこの鄧小平の路線を踏襲しており、そ
の意味では、現代中国の歴史は、毛沢東時代と鄧小平以降に分け
ることができます。ただし、市場経済の導入は、貧富の格差を生
み出し、今日では、貧しくとも平等であったかつての毛沢東時代
を再評価する声も出てきています。また、経済政策では資本主義
が導入された一方で、政治の民主化が進まなかったため、権力の
チェックが十分機能せず、深刻な腐敗問題などの社会問題は大き
な課題となっています。さらに、今日の習近平の政治は、権力集
中が進み、かつての毛沢東の時代を思い起こさせるとの指摘もあ
ります。

第4章　外交の仕事は面白い

前いたアジア大洋州局中国課に戻りました。それまでは、経済や経済協力関係の仕事が長かったのですが、今回は、政治分野を担当することになり、中国の内政や外交についての情報収集・分析、つまり、いま中国で何が起きて、これからどのような方向に向かおうとするのかを分析する仕事、に加えて、現実に日中間で起きている問題への対応が主でした。その頃から日本と中国との関係は、「政冷経熱」などといわれ、経済面では緊密である一方で、政治の面ではギクシャクし、反日デモなども時々起こるようになっていました。一方で、政治関係が好転した際には、お互いの首脳が相手国を訪問するなど高いレベルでの交流もあり、そのような要人の往来の準備をするのも仕事の重要な一部でした。

　その後、外務省内で、国際情勢の分析を専門におこなう国際情報統括官組織に移り、東アジアの安全保障問題の分析を担当しました。国際情報の分析、いわゆるインテリジェンスの世界に少しだけ身を置いたことになります[8]。冷戦が終わっても、東アジアには南北朝鮮や中国と台湾との緊張関係など冷戦の残滓が存在し、北朝鮮の核・ミサイル開発に加えて、中国の急速な経済発展は軍事的台頭もともなうため、日本をとりまく安全保障環境は平穏とはいえません[9]。安全保障問題は、狭い意味では軍事とも密接に関係しており、ここにいる間に軍事問題にも少し詳しくなりました。

　改めて、20年以上に及ぶ自分のたどった道を振り返ると、ほぼ一貫して中国との関係に関わってきたものの、その内容は広報・文化からODA、条約交渉、経済分析から日本企業のビジネス支援、さらには、政治・外交、はては軍事・安全保障と、きわめて多岐にわたる分野で仕事をさせてもらった

---

8)　「インテリジェンス」は広い意味で使われる言葉ですが、たとえば、国家においては「政策を立案・執行するために必要な知識」と定義することができます。政府の情報組織を指すことが多いのですが、それだけでなく企業の現場においてもこの概念は当てはまります。北岡元『インテリジェンス入門（第2版）』慶応義塾大学出版会、2009年、7-9頁。

9)　日本をとりまく安全保障環境については、防衛省のシンクタンク防衛研究所は、「東アジア戦略概観2016」において、北朝鮮は「核・ミサイル能力の向上を図る姿勢を強めて」おり、中国は東シナ海や南シナ海において「対外強硬的に変化してきている」と指摘しています〈http://www.nids.mod.go.jp/publication/east-asian/pdf/eastasian2016/j00.pdf〉。

111

Column　香港返還問題

　香港は1997年に英国から中国に主権が返還されました。現在の香港は、香港島、九龍半島、新界の3つの地域に分けることができますが、そのうち香港島と九龍半島は、1840年に始まったアヘン戦争と南京条約、1856年のアロー号事件に端を発する第2次アヘン戦争と北京条約により、それぞれ戦勝国の英国に、当時中国を統治していた清から割譲されたものです。さらに、新界は1898年の条約で英国が清から租借することになりました。割譲は文字どおり領土の一部をゆずり渡すことで、租借は一定期間借り上げることです。この租借期間は99年間とされ、中国語の九九（jiujiu）の発音は、永遠の長い時間を表す「久久（jiujiu）」と同じで、つまり、昔の当時の意識においては永遠に貸し出された感覚でした。ところが、実際には、そこから数えて99年後の1997年が本当に来てしまうというのが香港返還問題の始まりです。両国の交渉が始まり、当初、英国は、香港と九龍は割譲されたもので、もちろん国際法上の返還の義務はなく、新界についても、中国に返還するよりも、引き続き、英国の統治下で、自由な香港が繁栄したほうが、中国にとっても利益になるという論法で、現状維持を要求したといわれます。一方、中国は、新界は租借条約であり、もちろん約束通り返してもらうだけでなく、香港、九龍は割譲といっても、それは戦争で分捕ったもので認められないという立場で、結局、中国側が押し切って、3つの地域は一括して1997年に中国に返還されるという英中両国の合意が1984年に成立しました。国際法よりも歴史とか道義性を強調する中国の外交姿勢は今日でもしばしば見られます。また、返還後も中国政府が香港の自治を認める「一国二制度」は、それが厳格に守られているか否か、常に香港社会の大きな関心を集めています。

ことがわかります。

外務省に入省する際には、漠然と将来、国際会議などに出席して英語で議論する毎日を思い浮かべていました。実際には、そうしたこともたまにはありましたが、私の場合には、研修語を中国語に選んだことで、かなり二国間を対象とする地域専門家として、特化した人生を歩むことになりました。結果として、中国という大きくかつ複雑なテーマをほぼ20年間一貫して見続けたことにより、自分のなかに1つの専門性が生まれ、現在の中国外交の研究者としてのキャリアにつながることになりました。しばしば、これから必要なのは、T型の人材であるなどと言われます。つまり、Tの横棒は広い教養を意味し（ここには当然、語学能力も入ります）、縦棒はどこに出ても通用する1つの深い専門能力ですが、この両者を兼ね備えた人材という意味です。専門バカであってはならないし、広く浅い教養のみでは実社会で戦える武器がありません。もっとも最近は、専門は1つでは足りず、π型、すなわち横棒の広い教養は当然として、専門の縦棒が2つくらいある人材（たとえば金融問題に詳しい弁護士など）を目指せと言われますが……。

3　外交の仕事とは

歴史と外交

いままでは、私の外務省での限られた経験についてお話してきましたが、ここでは、ちょっと改まって、もう少し広く、外交という活動そのもの、そのうえでの外務省の仕事全体についても述べたいと思います。大げさに言えば、歴史が始まって、国家と国家との関係が生じて以来、そこには外交が存在します。人類の歴史において、戦争と平和の問題は常に中心的な課題として各国が外交を展開してきました。このようにいうと、外交とは、なにか私たち普通の人々が、普通に暮らしているのとはまったく違うところで、ごく一部の人たちが、国益などという普段私たちがそれほど意識することのない価値をめぐっておこなわれる活動だと思うかもしれません。また、外交に携わる「外交官」という職業の響きから連想されるのは、なにか特権階級だとか、エリート意識だとか、しばしばマスコミで批判されるようなイメージで

あるかもしれません。

　もし、私が外務省で働いたことがなければ、同じように感じるかもしれません。ただし、外務省で 20 年以上働いた後、いま言えることは、外務省の人々も、自分たちの仕事にプライドを持ちつつ、日々の課題に取り組みながら、うまくいくときもいかないときもあり、仕事を通じて達成感を得たり、また、あるときは反省をしながら生きている、その意味ではフツーの人たちでした。外交に関する仕事は、多くがほかの分野での仕事で求められるのと同じような資質です。体力、気力、そして知力。知力より体力、気力を前にしましたが、実際に、心身のタフネス、ちょっとしたことでめげない、粘り強い、情熱をもって事に当たる姿勢、それからもちろん人間相手の仕事なので常識に基づいたコミュニケーション能力などは、私たちが狭い意味で「学力」と呼んでいる価値よりも、現実の仕事の場ではずっと重要だと感じました。

　外交について、さきほど、国家と国家との関係という堅苦しい表現を用いましたが、このように考えることができると思います。たとえば、大昔、国家というものが出来上がる前の段階の部族社会における関係においても、そこには人間が住んでいて、異なる社会単位同士の接触がある限り、交渉がありました。おそらくそれが今日の外交の起源だと思われます。外交と交渉は切っても切れない関係にあります。異なる文化や社会の間のさまざまな課題やトラブルを解決するためにコミュニケーションが必要であり、それが交渉となり外交に発展するのです。このように考えると、私たちが常日頃他人とコミュニケーションをおこなっているのは、それ自体交渉であり、遠い世界のことと思われがちな外交とそれほど本質は大きく変わりません。ただし、外交は国家という単位を前提に異文化を相手にすることになります。外国語の能力、柔軟なものの考え方、異文化への関心といった資質は重要です。

　長い世界の歴史を眺めても、外交はメソポタミアの諸国家の間で、その原型が確認されており、その後、ギリシャの都市国家間、あるいはルネサンス期のイタリアの都市国家間、さらには、国際協調の機運が熟した 19 世紀ヨーロッパで発達しました。ローマ帝国の全盛時代やナポレオン時代のフランスのような軍事的強国の時代には外交はそれほど出番がなかったのです。

第4章　外交の仕事は面白い

むしろ、突出した大国がいない時代に、中小国が生き延びるための交渉において、あの手この手で知恵を絞った結果、外交は発達したといえるでしょう。小国ながらも、知恵をつかって東方との貿易で、1000年以上の長きにわたり、海洋国家として繁栄を続けたイタリアのヴェネツィア共和国がその典型です[10]。

　時代は下って、かつては、ある国とある国の、つまり主に二国間の戦争と平和の問題を扱っていた外交は、国際社会が相互により緊密に交流しあい、関係が複雑になったことにより、二国間だけでなく、多国間の外交も発達するようになります。扱う対象も、伝統的な外交・安全保障問題から、経済や経済協力、文化交流から地球環境問題まで、多岐にわたるようになりました。今日、世界のいたるところで、さまざまな問題をめぐって国際会議が開かれ、交渉がおこなわれています。また、外交は対外関係のみを扱うと思われがちですが、今日、国内問題と国際問題は複雑に関連しているので、国内問題への理解や国内のそれぞれの官庁や関連する組織との折衝は外交活動にとってますます重要になっています。

　外交とはかくも多岐にわたる活動ですが、そのなかでも安全保障と経済の双方の視点から国際関係を理解しようとする姿勢は不可欠となります。学問的観点から言えばリアリズム（現実主義）とリベラリズム（理想主義）の2つの観点ということでしょうか。また、情報収集と分析（インテリジェンス）、交渉におけるスキル、さらにこれらに基づいた政策立案能力は外交を展開するうえで必要な能力です。今日の民主主義が拡大した世界では、世論も外交に重要な影響を与えることから、相手国の世論への働きかけを念頭においたパブリック・ディプロマシーにも注目が集まっています（パブリック・ディプロマシーについては、117頁のコラムを参照してください）。そして、このような複雑な世界を理解するうえで、まずは歴史から教訓を学ぶという

---

[10]　イタリア半島の付け根にある小国ヴェネツィアは、その長い歴史において、しばしば、東方のオスマン帝国や、また、西方からは神聖ローマ帝国やフランスなどの軍事的脅威にさらされてきましたが、その都度、巧みな外交と、海軍力で独立を維持していました。知恵をつかった外交と海洋国家として貿易による富で繁栄を続けたヴェネツィアの歴史は、これからの日本のあり方にも示唆を与えてくれます。

115

姿勢が必要となります。外交に関わる人たちは、このような座標軸をもちながら、日々自分の専門性を高めるべく努力しているのです。

外務省の仕事

では、まず具体的に、日本政府で外交政策を担当する外務省とはどういうところかみていきましょう。一般にどこの国でも外務省は、本国の外務省と海外の在外公館とで構成されます。外務省は本部（本省と呼んでいます）として、世界各地にある多くの日本の在外公館と日々連携し、また、東京にある世界各国の大使館とも連絡を取り合いながら、外交活動を展開しています。

外務省内の組織は大きく分けて、地域局と機能局に分けられます。地域局とは、それぞれの相手国や地域を担当する部署で、各国・地域の政治・経済を中心とするさまざまな情勢を把握し、懸案事項があれば交渉し解決に努めます。たとえば、アメリカや中国といった国々との折衝の正面に立つのもこれらの部署で、いわば外務省の原型のようなところです。ここで働く職員は、相手国のことをよく理解している必要があるので、それぞれの地域の言語に堪能で、現地事情に通じた専門家が多く配置されています。後に述べるように、近年は機能局重視の傾向にありますが、アメリカやロシア、中国といった大国、南北朝鮮など日本にとって重要な意味を持つ地域を所管する地域局の部署は、引き続き外交の仕事の中心的な部分となっています。

これに対して、機能局とは、国・地域という切り口とは別に、経済や経済協力、広報文化、国際機関、軍縮、地球環境問題など、それぞれの機能別に外交活動に関与する部署です。近年、世界の流れとしては、機能局はますます重要になりつつあります。したがって、外務省の職員も、英語は当然ながら、何か１つの外国語に堪能で、現地の事情に詳しいということに加えて、さらに１つ自分の専門分野を育てていくことがますます必要とされています。

在外公館には大使館、総領事館に加えて、政府代表部もあります。大使館は各国の首都にあって、自国政府を代表して、任地国との間のさまざまな分野での折衝などの外交活動を担います。総領事館は、首都の他に日本企業や日本人が多く活動する海外の都市に設置されます。したがって、アメリカや中国のように日本との経済活動が緊密で、国土面積も広いところには、多く

第4章　外交の仕事は面白い

Column　パブリック・ディプロマシー

　近年、パブリック・ディプロマシーという概念が注目されています。ディプロマシーは外交の意味ですが、通常、外交活動は、伝統的には、日本とアメリカ、日本と中国の間などの二国間において、相手国の政府との間でおこなわれることが基本です。パブリック・ディプロマシーとは、このような国家単位の外国政府のみを対象とする外交ではなく、そこにいる国民や世論に対して、広報活動、さらには文化交流なども通じて、自国のイメージを高め、相手国の世論の支持を勝ち取ることにより、長期的に外交活動を円滑に進めようとする試みです。冷戦が終わり、世界各国で民主化が進んだ結果、また、各国でナショナリズムなどの国民世論が外交に与える影響がますます無視できなくなってきていることから、今日、パブリック・ディプロマシーの考え方は注目され、実際に日本政府も含めて主要国は外交政策の重要なツールの1つとして積極的に取り入れられています。

　国際政治において「国力」、英語では「パワー（Power）」は、これまでは軍事力や政治・経済力によって構成されると考えられてきました。米国ハーバード大学の国際政治学者ジョセフ・ナイ教授はこのような伝統的な国力をハード・パワーと呼んだうえで、国力概念にはそれだけではなく、ソフト・パワーもあると指摘しました。ソフト・パワーとは、他国に好感をもって迎えられるその国の文化や社会のあり方、価値観、政策などで、これも「国力」に含められるということです。今日、これらの要素は国際社会の理解、共感、支持を得るうえで、ますます重要であると考えられるようになってきています。ソフト・パワーの担い手は主にその国の社会や民間部門であるのに対して、パブリック・ディプロマシーはあくまで外交の手段として政府が主体となるものです。しかし、両者は密接に関連しており、ソフト・パワー、つまり国家としての魅力が、パブリック・ディプロマシーを後押しするという関係にあります。

の総領事館が設置されることになります。ニューヨークや上海は、それぞれの国の首都ではありませんが、日本企業やそこに住んでいる日本人はたくさんいるので、大規模な総領事館が設置されています。政府代表部は、国連やOECDなどの国際機関における日本政府を代表する機関で[11]、ここにも日本の大使が常駐しています。

　典型的な在外公館の構成は、規模の大小にかかわらず、総務部、政治部、経済部、広報・文化部、領事部（規模の小さな公館では部ではなく班）の5つの部門から成り立ちます。総務部はどこの組織にもあるように、組織運営の全体に関わることを担当します。政治部は外交や安全保障分野、経済部は経済や経済協力分野を担当し、それぞれ相手国と交渉し、また、情報収集・分析をおこないます。とくに政治部の担当する範囲の仕事が、伝統的な外交の仕事というイメージになりますが、近年では、経済のグローバル化の進展にともない、経済部の仕事も飛躍的に増加しています。広報・文化部の仕事はひとことでいえば、自国を理解してもらい、イメージを高めるということです。日本の立場を適宜相手国、国民に伝えると同時に、文化・学術交流を通じて、相互理解を深める努力をおこなっているのです。領事部は、日本を訪問しようとする外国人にビザを発給したり、また、その地域にいる自国民へのサービス、たとえば、さまざまな手続きや、トラブルに巻き込まれた日本人の支援などをおこなっています。

　通常、外務省の職員として採用されれば、外務本省と在外公館、つまり東京と、どこかの外国の都市を何年かごとに行ったり来たりしながら仕事を続けることになります[12]。そして、一般に在外公館で働く日本人職員を総称して外交官といいます。外交官という言葉には特別な響きがありますが、大使

---

11)　OECD（Organization for Economic Co-operation and Development）はパリに本部を置く国際機関で、「経済協力開発機構」と訳されます。世界中の人々の経済や社会福祉の向上に向けた政策を推進するための活動をおこなっています。加盟国は主に欧州、北米などの先進国35カ国で、アジアからは日本と韓国が参加しています。OECD東京センター・ホームページより〈http://www.oecd.org/tokyo/about/〉。

12)　外務省職員の採用に関しては、国家公務員総合職試験や外務省専門職採用試験などがあります。詳しくは、外務省ホームページ「採用情報」参照〈http://www.mofa.go.jp/mofaj/annai/saiyo/index.html〉。

118

第4章　外交の仕事は面白い

館や総領事館で働いている国家公務員と考えてください。そのなかには、外務省の職員だけではなく、ほかの省庁から派遣された職員も多くいます。実際に規模の大きな大使館の経済部などでは、外務省職員よりも経済問題を扱う省庁から派遣された職員の数のほうが圧倒的に多いのが普通です。これら外交官は、普段、相手国の担当部署と懸案事項について交渉したり、関連情報を収集・分析したり、また、このような活動が円滑に進むように、食事も含めた人と人とのおつきあいに力を入れて、ネットワークを広げるべく努力しています。その対象は仕事の交渉相手だけではなく、現地のメディア関係者や、同業者である現地に駐在するほかの国の大使館の外交官などさまざまです。したがって、外交官の重要な仕事の1つとして、食事があるのです。これは食べること自体が目的ということではなく、食事を通じてより相互理解を深めることにあります。

　先ほど、相手国との交渉と言いましたが、じつは、交渉で常に難しいのは相手国だけではなく、同時に相手国の事情については詳しくない自国の関係者の理解を得ることなのです。俗に「後ろから弾が飛んでくる」という表現がありますが、交渉は交渉相手だけでなく、自国の関係部門とも同時におこなう覚悟が必要で、交渉相手の外交官も同様に、自国内での調整に時間とエネルギーを割かれることになります。

仕事はハードだけど面白い

　もちろん個人的な意見ですが、外務省での仕事は面白いと自信をもっていうことができます。すでにおわかりの通り、仕事の範囲は非常に広く多彩です。世の中、これくらいいろいろなことに関わることのできる仕事は、それほど多くはないのではと思うくらいです。この仕事をしていなければ会うことのなかったであろう人々や、できなかったであろう経験はたくさんあります。もちろん、ほかの仕事を選んでも、そこでしかできない経験、出会いはあると思います。しかし、外務省の場合には仕事の対象がとてつもなく広く、乱暴な言い方をすれば、日本と外国との関係に関するすべての事柄が対象となります。

　政治や経済で懸案となっている問題について相手国と交渉する。あるい

119

は、ある特定の目的のための条約締結交渉をおこなう。軍縮や地球温暖化防止のための国際会議に参加する。発展途上国に対する経済協力のためのODAプロジェクト選定協議をおこなう。日本文化を広めるため日本のアーティストの海外展を手伝う。外国の大統領や首相が訪日して、首脳会談やその他滞在日程の準備をおこなう。あるいは、その逆で、日本の首相や外務大臣が外国を訪問するのを準備する。また、外国語が堪能であれば、首脳会談も含めて政府間のさまざまな協議の通訳をおこなう。さらに、自分の担当している国や地域について普段から勉強し、情報収集、分析をする。これらは、広い仕事のほんの一部です。

私個人の経験でも、たとえば、東京駐在のとある国の外交官と特定の問題について、ちょっと洒落たレストランで昼食をとりながら意見交換するという、よくある外交官らしい活動をおこなったその日の午後には、今度は、日本外交が弱腰だといって外務省に抗議のため怒鳴り込んできた右翼団体の相手をするはめになる、といったようなこともしばしばありました。

もちろんこのような仕事をするためには一定の能力が必要とされます。先ほども述べた通り、まずは気力と体力。このグローバル化時代に世界を相手に仕事をするということは、仕事の量は加速度的に増大し、深夜残業はあたりまえになります。いまでこそ、仕事の効率化が叫ばれ、超過勤務しすぎないような努力がおこなわれるようになってきていますが、それでも、仕事はいくらでも降ってくるのが現実です。多少の忙しさくらい楽しんで受け入れる、うまくいかないときにも、最後はなんとかなると楽観するといったサバイバル術は、ほんの少しですが仕事を通じて自然に身についた気がします。

また、実際に、海外で長く生活していると、平和で安全な日本では考えられないような事件にも遭遇します。私の場合には、中国留学中に起きた1989年6月の天安門事件があります[13]。たまたま好奇心から学生運動を見ようと、事件の前日に上海から北京まで行き、天安門広場を見に行った際に事

---

13) 1989年6月4日に、民主化を要求して北京中心部の天安門広場に集結していた学生、一般市民に対して、軍が出動し弾圧した事件。同年4月に政治改革を進めた胡耀邦元総書記が死去したことをきっかけに、学生中心の民主化運動が中国各地に広がりました。多数の死傷者が出たことで中国国内外に大きなショックを与えました。

件が発生し、流れ弾が飛んでくるようななかでホテルまで逃げ帰りました。それから数日間は、何が起きているのか極端に情報が不足しているなかで、市内の交通がストップしているので、大使館の仕事を手伝って、北京に住んでいる日本人の方々が無事に緊急一時帰国できるように、空港までの交通手段を手配したりといった活動をしていました。

　また、2002年春に中国南部の広州にある日本総領事館に赴任した直後、現地でSARS（重症急性呼吸症候群）という伝染性の高いウィルスによる肺炎の一種が流行しました。こちらも当初は、ほとんど情報がないなかで、多くの人が感染して、バタバタと倒れて亡くなっているという街のうわさ話だけが先行して、現地の住民は日本人社会も含め恐怖につつまれました。その後の展開は、この新型肺炎は隣の国際都市香港に飛び火し、そこから、東南アジアや一部北米へ一気に拡大、また、中国国内でも首都北京で大流行し、大騒ぎになりました。こうした経験を通じて、普段から危機管理の意識を持つことがいかに大切かということを実感しました。

4　グローバル化の中での社会と教育

大きく変わる世界の高等教育：大学院での学びの重要性

　振り返ってみれば、とても幸運なことに、これまでの人生のなかで、中国とアメリカの2つの国に留学する機会を持つことができました。中国への留学はすでに述べた通り、20歳代の半ばに、外務省の語学研修の一環として上海の復旦大学に在籍し、中国語に加え、現代中国史を勉強しました。アメリカの大学院への留学は、ボストンにあるタフツ大学フレッチャー法律外交大学院という国際関係専門の大学院で、同じ学校に2度留学して、1度目は働きながら学べるプログラム、2度目はフルタイムでの参加でした。このときは、とっくに40歳を過ぎていましたが、私より年上の学生も結構多くいました。

　通称フレッチャー・スクールと呼ばれるこの学校は、アメリカで最も早く設立された国際関係専門の大学院で、外交官や軍人の養成学校としてその世界では知られていますが、国連など国際機関への就職の実績も数多くありま

121

す。国際関係の実務におけるリーダーを養成するというのが大学の掲げている主要な目標で、将来外交官を目指す米国人学生や、米軍から派遣されてきた幹部候補生としての軍人、さらには世界各国から集まったさまざまなバックグラウンドをもった学生も多くいました。留学生比率は全体の半数近くで、大学側としても、そこでの勉強の場そのものが、さまざまな経歴と国籍からなる学生により、多様性が反映された国際社会の縮図となるように、そうした環境を意図的につくりだしていました。そこでは、学生が積極的に参加し発言するディスカッション中心の授業や、グループワークがおこなわれ、毎日の授業自体が、ある意味、国際会議のように、さらに、異文化間の協力や摩擦を体験し、交渉力が自然と身につくようにできていました。

　私自身、この大学院への第1回目の留学の際に入れてもらったクラスは、米国軍人のミッドキャリア研修（一定の職務経験を積んだプロフェッショナルの再教育）のために特別につくられたクラスで、米国の軍人に混じって机を並べて勉強する貴重な機会を得ました。勉強の厳しさは予想通りで、とくに外交・歴史・国際政治分野は、予習として要求される読書の分量が多いため、時間がいくらあっても足りません。授業以外の時間は、平日は睡眠時間を削って、もちろん週末も読書に当てても間に合わない有様で、アメリカ人の学生でさえ、多すぎて読み切れないとこぼしていたくらいです。私の友人だった米国の軍人は、プログラムを修了し、卒業式の当日に、晴れてこの読書地獄から解放され、「こんな（キツイ）の二度とやるもんか！（I will never do this!）」と叫んでいました。

　中国で、そして、それほど長くはありませんでしたがアメリカで生活して、外からの視点で日本を客観的に見るという訓練ができたのは、いまとなっては大きな収穫でした。また、40歳を超えてから2度米国に留学した際に、アメリカの「大人の大学院教育」というものを目の当たりにしたのも大きな刺激になりました。

　2009年に20年以上勤務した外務省を退職して、その2年後からいまいる関西学院大学総合政策学部にお世話になるのですが、大学教員に転身したのは、私自身、仕事を通じてこれまで中国という対象に長く関わってきて、今後は、研究者としてより深く中国の外交を研究したいという考えが強くなっ

たことに加えて、これまでの自分の経験をふまえて大学での教育にも関わっていきたいという気持ちもありました。世界のめまぐるしい変化に比べて日本の大学自体の変化が緩慢で、社会のニーズに十分に対応しきれていないのではないかとも感じ、この点、自分としてもできる範囲内で貢献しなければと思うに至ったのです。冷戦が終結して以降、世界でグローバリゼーションが進行し、ビジネスの世界のみならず、欧米やアジアの大学・大学院などの教育機関も、この20年で急速に変化しています。一方、これらの変化に比べれば、外から見れば日本の大学のあり方は、私が卒業した30年以上前とそれほど大きくは変わっておらず、世界の変化のスピードと比べれば「化石」のように見えることもあります。

起業家となった経済学博士

　こうした問題は、日本の大学だけではなく、社会全体の意識の問題でもあります。一例を挙げれば、私が中国で仕事をはじめたころ、ある中国人の実業家に出会いました。日本語が上手なので聞いてみると、日本の京都大学に留学し、経済学の博士号を取得したとのことでした。当時は、そしておそらくいまも、中国だけでなくアジアの国々から日本に留学し、そこで得た専門知識や語学力を武器に、自国に戻り活躍している人は大勢います。しかし、私がそのときに感じたのは、仮に日本人であれば、経済学を大学院で勉強し、博士号まで取得したような人であれば、その後の人生で、成功するか否かは保証されない起業家の道をあえてリスクをとって選ぶような人がどれだけいるだろうかと。京都大学のような日本では評価の高い大学で博士号を取得すれば、日本人であれば、大学あるいはそのほかの機関で研究者として生きる道以外のことを考える人は少ないのではないでしょうか。起業家になるということは、浮き沈みの激しい事業を始める、つまり、成功すればその報酬も大きいけれど失敗する確率もかなりある不安定な人生を選ぶということになります。

　私も日本の地方で育った完全国内派の日本人だったので、それまでは大学院にまで進学するということは、研究者として世の中からは隔絶されたところで生きていくようなイメージを持っていました。一方で、企業に就職して

123

ビジネスの世界に入ったり、公務員になって国家や地域のために仕事したり
と、つまり実務の世界に入るということは、大学学部の4年間の教育で十分
で、あとは、実際の就職先でそれぞれのスキルを仕事を通じて身につけてい
くものだと当時は考えられていたのです。しかし、その後の海外生活を通
じ、博士号まで取得し、たくましく実務の世界で働く多くの人（その多くは
日本人ではない）に出会うにつれ、むしろ、日本の常識、社会のあり方が世
界に遅れつつあるのではと感じるようになってきました。

グローバル社会と遅れる日本国内の常識

　このように見てくると、日本の社会の意識や大学（院）教育のあり方が、
すでに、国際社会の発展から取り残されつつあるようにも感じます。大学に
おける文系教育のあり方については、近年日本でも議論が高まってきていま
すが、その一方で、企業は採用に際して、今日でもあまり専門性を求めてお
らず、極言すれば、そもそも大学教育自体にあまり期待していないところ
が、いまだあります。よい素材としての人材を採用して自社で育てる、とい
うスタンスが主流です。そのため、大学で何をどの程度勉強したかは、これ
まであまり問われることがありませんでした。素材として採用するだけなの
で、結果として、大学生活をいかに過ごしたかよりも、大学入学の時点でい
かに高い学力であるかが、いまだにある程度、採用の重要な基準となり、ま
た社会一般で受け入れられている考えとなっているのです。
　ただし、グローバル化が急速に進み、高度な知識社会が広がるなかで、こ
のような日本の社会の意識と大学（院）教育のあり方も変化を求められてい
ると思われます。これまでもしばしば、国連など国際機関の職員となって働
くためには、最低修士号をとっておく必要があるといわれました。しかし、
今日国際社会では、文系でも、プロフェッショナルとして活躍するために
は、大学院修士レベルの高度な教育を受けていることがますます一般的と
なっており、それはもはや、国連などの特殊な職場だけに限ったことではあ
りません。日本のまわりの中国や韓国などのアジア諸国でも、一定レベル以
上の学生、そしてそれを取り巻く社会は急速にそのような意識に切り替わっ
ています。たとえば、今日の中国の指導者のトップ2人、すなわち、習近平

第4章　外交の仕事は面白い

国家主席と李克強首相は、ともに中国の名門の清華大学、北京大学からそれ
ぞれ博士号を取得しています（もっとも、習近平の場合には、「後付け」、す
なわち、地位が高くなってから手加減してもらって取得したものだろうとの
ウワサはありますが……）。

　かつて、日本はアジアでダントツの先進国でした。私たち日本人は、日本
に生まれて育ったというだけで、かなりの程度、アジアにおける人材面での
国際競争で優位に立つことができたのです。多くの日本人は英語はそれほど
流ちょうではありませんが、アジアでいち早く西洋文明を取り入れ、かなり
早い段階でそれなりの豊かさを実現しました。その結果、均等な教育が行き
渡った日本で、勤勉を美徳とする文化を身につけていたので、平均的な日本
人の能力は、国境を越えて外に出ても、まだ、発展段階が遅れたほかのアジ
ア諸国においては、かなりの競争力を保っていました。

　しかし、過去20年ほどで状況は大きく変わりました。今日でも、日本人
が仕事を遂行していくうえで、勤勉性などの優れた美徳を有していることは
否定できません。しかし、ほかのアジア諸国では経済発展とともに、多くの
若い人々が一定水準の教育を受けられるようになり、人材の底上げが急速に
進みました。また、冷戦後、経済面を中心にグローバリゼーションが急速に
進み、ビジネスの進め方やこれにともなう価値観など、世界共通の基準が出
来上がりつつあります。欧米化とグローバリゼーションは必ずしも同じもの
ではありませんが、ほかのアジア諸国で高等教育を受けている多くの若者
は、平均的な日本人よりも、はるかにグローバル社会を意識し、そこで戦え
るように自らの教育機会をとらえるようになってきています。

　この点では、旧英国植民地であり英語が共通語で貿易や金融センターとし
て有利な条件にあったシンガポールや香港はもちろんのこと[14]、いまでは、
韓国も中国もしかりです。彼らは国内でも英語力を鍛え、さらに、留学を目

---

14)　国際金融センターとは、銀行、証券会社などの金融業で重要な役割を果たしている
　　マーケットや都市のことで、その代表的な都市として、ニューヨーク、ロンドンに加
　　えて、アジアでは香港、シンガポールがあります。このような都市の金融部門では、
　　現地出身者だけでなく世界中から人材が集まり、共通言語である英語で業務がおこな
　　われています。

指すのです。ですから、これからグローバルに活躍しようと思っている人は、できるだけ人生の早い時期に、英語のハンディキャップを減らしておくことが大切で、そのためには、時間が十分にある大学時代を有効に使うべきです。自分は、そんな「国際的」な仕事とは関係ないと思っている人も、英語は嫌いだと思っている人も、現実の問題として、日本の国内市場はますます縮小しているので、好むと好まざるとにかかわらず、このような趨勢に無縁ではいられません。「たかが英語、されど英語」で、これまでは英語を武器として仕事をするというような言い方が通用しましたが、今は英語能力はあたりまえとされ、むしろ英語ができないと大きなハンディキャップを負う時代にすでに入っているといえるでしょう。私自身も日々大きなハンデを感じながら生活しているのです。

ダイバーシティ（多様性）と日本の強みの組み合わせ

日本人は、いまでも仕事をするうえでのチームワークでは、世界の中ではとても優れた民族だと思います。しかし、そのチームワークは日本人同士の同質的な環境の中でのみ発揮されてきたのです。グローバル化が進展した今後は、日本人であっても外国人の上司、同僚とうまくコミュニケーションをとりながら、さらに、外国人の部下を上手に使うなど、多文化環境の中でいかにチームワークを発揮するかが問われます。日本国内にのみ意識が向けられた態度、さらに、個性の突出を避け、過度に摩擦を避けがちな文化などの日本の特色は、今日の競争社会において、むしろマイナスとなる一方で、かつては日本の美徳であった勤勉さだけでは、英語が不得手なために残念ながらうまく評価されない状況にもあります。このようななかで、必要とされる資質はむしろ、日本の伝統的な閉じた教育制度の中でのいわゆる「勉強できる子」ではなく、新たな課題を自分で発見し、自分の頭で考え抜き、また、その過程で、異文化状況の中においても、それを何とか表現し、粘り強く交渉し、実現するといった能力となります。

このように過去20年余りで世界が急速に変化した結果、社会で求められる資質がますます高度化し、それにしたがって、私たちの働き方、私たちに求められる能力、これと関連する教育のあり方も大きく変わりつつありま

第4章　外交の仕事は面白い

す。大学4年の教育を終えれば、後はオンザジョブ、つまり実務の経験を通じて勉強をするというだけでは、残りの長い人生をプロフェッショナルとして、グローバル社会で生き残っていくために十分ではなくなってきているのです。つまり、勉強は一生続くことになります。一方で、大学の側も、もちろん学問分野にもよりますが、社会科学などの主に今日的事象を扱う分野では、狭い学問の世界に閉じこもるのではなく、積極的に現実世界との接点を求めて、いい意味での、大学と社会との間で緊張感のある相互作用的な関係が必要となってきます。いったん社会に出た若い世代から中堅にいたる世代が、自己の専門性を高めるための再教育、あるいは継続的な教育により貪欲にならなければ、人材面での国際競争で負けてしまうでしょう。実際には私がこれまで接した関西学院大学の卒業生も含めて、もう多くの方々がそのような意識を持っていると感じました。むしろ、これからは、私たちが所属する大学側で、そのような社会のニーズに対応できる体制をよりいっそう整える必要があると考えます。

5　おわりに

　日本の多くの会社では、4月に入れば新入社員のために研修がおこなわれます。私もかつて、外務省でこのような研修を受けましたが、そこで講師が話された内容で、いまでも印象に残っている言葉がいくつかあります。30年以上も前の話で、正確な記憶ではないかもしれませんし、また、先にも述べた通り、公務員には「守秘義務」というのがあるのですが、これらはそこまで大げさな話ではないと思うので、皆さんに紹介させていただきます。

　「キミたちは酒を飲むなら安酒を飲むな、借金してでも良い酒を飲め!」とあるとき叫んだ講師がいたのを覚えています。当時、私のみならず、外務省に入省したての同期生の反応は、その一流志向にちょっと違和感があり、やはり、外交官の世界は、私たち庶民の世間の常識とは違うものだと思ったものでした。しかし、長年仕事をして、いまであれば講師の伝えようとした意味がよくわかります。若いときから良いもの、ホンモノに触れろと。絵画や音楽などの芸術も含めて一流に接して、目線を高く保って、背筋を伸ばして

127

生きろということです。

　次に、「皆さんは蓼の葉のようになれ！」というような意味のことをおっしゃった講師もいました。「蓼食う虫も好き好き」という言葉がありますが、蓼という植物の葉には苦みがあり、それを食べる虫は少ないけれども、それでも好んで食べる虫もいる、そこから転じて、世の中人の好みはさまざまだ、という意味で使われます。つまり、蓼の葉は、虫にかじられると自分から苦み（毒？）を出して、これ以上食べられないようにと自衛手段を行使する。皆さんも、これからの長い職業人生で、きっとどうしようもない困難やプレッシャーに直面することがあるだろうが、そんなときこそ、多少の困難は、まずは自分で元気を出して、自分で自分を守って乗り切れ、と講師はお話されたのです。もちろん誰かの助けも必要な場合もあるけれど、つまずいて倒れたら、他人のせいにしないで自分で起き上がれということです。

　「ひとりでメシを食うな」「家に人を呼べ」という心構えを説いた講師もいました。うーん、これは自分で書きながらも、いまとなっては、ちょっとつらい！　現在勤務しているキャンパスの食堂で、しばしば、ひとりでそそくさと昼ご飯を食べている私の姿を、この章に目を通しているあなたに目撃されているかもしれないからです。苦しい言い訳になりますが、これでもかつては、頑張って、毎日、いろいろな人に声をかけて、ランチをとりながらネットワークを広げようとしていた時期もあるのですよ。さらに、外で人と会って食事をするだけでなく、自宅にお客さんを招いて、ホームパーティーをすることは、日本ではそれほど一般的ではありませんが、やはり、そうしたことを通じて、お互いにより暖かい人間関係ができることは確実です。実際にやってみればわかりますが、大切なお客さまを自宅にお呼びするのは、準備も含めて大変ですが、皆さんも若いときからそうした習慣を少しずつ身につけていってもらいたいと思います。

　最後に、「ハードワークはあたりまえ、そこから逃げるな！」というような趣旨のことをおっしゃった講師もいました。いまでこそ、過労死など行き過ぎた仕事の負担、長時間労働は大きな社会問題になっており、日本の官庁が集まる霞ヶ関は、超過勤務が多いため「日本一のブラック企業の集まり」と揶揄されることもあります。たしかに、仕事の進め方の合理化は常に必要で

第4章　外交の仕事は面白い

すが、そのうえで、ハードワークを厭がるな、それは、君たちの将来について回るから、こちらから向かっていけということでした。世の中どこに行っても、その国、あるいは会社などの職場の単位でも、常に、その組織の中心的な立場で支えている人々がいて、彼ら彼女らは、人並み以上に働いているのだ。そして、君たちも、これからそういう世界に入っていくのだというようなことをおっしゃられました。これはなにも、国家を支えるエリート意識ということではなく、実際、どの職業、どの会社においても、現場において人の何倍も働いて、自分のいまいる組織を支え、また、社会に貢献している人がいます。この本を手にしている皆さんにも、ハードワークを厭わず、将来そういう立場について活躍してもらいたいと願っています。

■ 高校生や大学生にお勧めの文献

　高校生や大学生の方に、「外交」について学ぶのにとっておきの文献を以下、いくつか紹介します。

細谷雄一（2007）『外交　多文明時代の対話と交渉』有斐閣
　　　　外交の発展を歴史的に説明しており、入門書として読みやすい。
北野充、金子将史編（2007）『パブリック・ディプロマシー「世論の時代」の外交戦略』PHP研究所
　　　　本文でも触れたパブリック・ディプロマシーをわかりやすく解説しています。
H・ニコルソン（1987）『外交』東京大学出版会
　　　　外交について書かれた書物としては定番。古典なので読みづらいところもあるかもしれませんが、外交官になったら（あるいは目指すには）一度は目を通す本といわれています。
塩野七生（2009）『海の都の物語　ヴェネツィア共和国の一千年(1)〜(6)』新潮文庫
　　　　外交の本ではありませんが、本文で触れた海洋国家ヴェネツィアの歴史を鮮やかに描く。示唆に富み、面白い。
神余隆博（2010）『多極化時代の日本外交戦略』朝日新書
柳淳（2014）『外交入門　国際社会の作法と思考』時事通信社
　　　　神余元大使の本とともに、元・現役外交官による日本外交の実務家の視点からの著書です。

第5章
国際金融の舞台裏
——IMFとアジア開発銀行の経験

マニラのADB本部にて　ゼミ生たちと

坂口勝一

1977年東京大学経済学部卒業、大蔵省（現財務省）入省。
1978年英国留学、ケンブリッジ大学 B.A.（Economics Tripos）取得。
1980年帰国後、大臣官房、主計局、理財局、国際金融局等各局で課長補佐・課長、主計局主計官、大臣官房審議官等を歴任。2008年アジア開発銀行日本代表理事。この間IMF職員（ワシントン）およびアジア開発銀行職員（マニラ）として通算13年間の海外勤務。
2012年より、関西学院大学総合政策学部教授。

私は大学を卒業してすぐに大蔵省（現在の財務省）に入省し、以来35年同省が所管する財政や金融の仕事に携わりました。そしてその間、大蔵省から出向し、アジア開発銀行（略称 ADB; 在マニラ）に通算10年、国際通貨基金（略称 IMF; 在ワシントン）に3年、いずれも本部の職員として勤務する機会を得ました。本章では財務省やこれらの国際機関で経験したことのいくつかをお話ししたいと思います。

1　はじめに──学生時代

　いつごろから「海外」に興味をもつようになったのかはっきりしませんが、大学に入学して間もなく、ひょんなことからアイセック（AIESEC）[1]というサークルに入り、そのサークルのプログラムでノルウェーに行くことになりました。ノルウェーでは、首都オスロにあるアンドレッセンス銀行という銀行の外為部でインターンをしましたが、仕事、生活のすべてが新鮮で毎日がワクワクの連続でした。それまで海外とはまったく縁がなかった私にとってそれは強烈な体験でした。

　そして、日本に帰って来てからは、アイセックに加えESSという英語研究のサークルにも参加することになり、海外の出来事や問題について勉強したり考えたりすることが多くなりました。あまり貢献はできませんでしたが、大学時代のサークル活動のウエイトは大きかったと思います。

　いつのまにか「将来国際的な仕事がしたい」と考えるようになっていて、就職先として大蔵省という官庁を選んだのもそうした思いが関係していたと思います。私はいま学生諸君に「学生時代にいろんな世界を見ておきなさい」と勧めています。学生時代に多くの経験をして将来の可能性を広げておくことが大切です。

---

1)　126の国と地域で学生の海外インターンシップ事業を運営する国際学生団体。日本支部であるアイセック・ジャパンは1962年に設立され、現在国内25の大学委員会が活動しています。

2 ブラジル国家破産と IMF との出会い

それでは、私が経験してきたことから、ブラジルの国家破産という話題で始めたいと思います。ブラジルというとリオ・オリンピックを思い出す人が多いと思いますが、じつは国家破産したことがあります。時は 1983 年にさかのぼります。当時、私は大蔵省国際金融局投資第三課という部署の課長補佐という役職にいて、日本輸出入銀行（現在の国際協力銀行）の投融資の審査などを担当していました。

8 月の終わり頃、1 本の電話がアメリカ財務省の高官から国際金融局長に入りました。「ブラジルの資金決済が危なくなっている。来週ニューヨークで G5[2] による支援会合を開催したい」とのことでした。ブラジルがそれまで大量に外国から借り入れてきたドルの返済ができなくなってデフォルト（債務不履行）を起こしそうになっているので、米、日、英、仏、西独の主要 5 カ国で支援しようというわけです。さっそく大蔵省では緊急の会議が開かれ、国際金融局の佐藤光夫次長がヘッドになって対応することになりました。私は側聞して「大変だな」くらいに思っていたんですが、総務課の企画官（「総務課企画官」というのは課長一歩手前の管理職で局長の右腕）に呼びとめられ、「本件坂口君に担当してもらうことになったから。来週のニューヨーク出張も次長としっかりやってくれ」と告げられました。いまでいう「聞いてない」でした。

1980 年代に入り、それまで開発のために外国から大量の借金をしていたメキシコ、ブラジルなど当時の新興市場国やアフリカ諸国が、ドル金利の高騰や政策の失敗などが原因となって、バタバタとデフォルトを起こすという

---

2)　先進 5 カ国蔵相・中央銀行総裁会議の略称。日米英独仏の大蔵大臣と中央銀行総裁が非公式に集まって、通貨の安定策や政策協調について話し合う会議。1973 年に始まり、1986 年から加伊を加えた G7 に拡大、さらに 1999 年からは、伯露印中などの新興国を入れた G20 も開催されています。
　なお、首脳レベルの会合、いわゆるサミットは、1975 年に日米英独仏伊の G6 で始まり、後に加が加わって G7 に、さらにロシアが参加するようになり G8 となりましたが、2014 年からはウクライナ、クリミヤ問題でロシアの参加が停止され再び G7 となっています。リーマンショックが起きた 2008 年秋からは、G20 も開催されています。

事態が起きました（表5-1）。「累積
債務問題」とよばれています。1990
年代の初めにかけて、国際社会はこ
の問題の対応に悪戦苦闘することに
なるわけですが、1983年当時の日
本の大蔵省には、まだこの問題に対
応する体制がなく担当部局もありま
せんでした。どうして私が担当する
ことになったのか後で聞いたら、
「一番年次が若い課長補佐だったか
らじゃないか」ということでした。

さて、少し情報収集してみると、
ブラジルは当面の資金繰りに数億ド
ルの資金が不足しており、アメリカ
の目論見としては、この不足を5カ
国が分担して救済しようということ
のようでした。ニューヨーク出張ま
で1週間しかありません。ブラジル
経済がどんな状況にあるのか、外国

表5-1　1980年代にデフォルトした主な国

国　　　名	発生年
アルゼンチン	1982
ボリビア	1980
ブラジル	1983
チリ	1983
コスタリカ	1981
ドミニカ	1982
エクアドル	1984
エジプト	1984
ホンジュラス	1981
メキシコ	1982
モロッコ	1983
パナマ	1983
ペルー	1984
フィリピン	1983
ポーランド	1981
ルーマニア	1982
南アフリカ	1985
ウルグアイ	1983
ベネズエラ	1982

世銀 "Global Development Finance" 等より
筆者作成

からの借金がどれだけあって、これから1週間、1カ月、1年の間にどれく
らいの額を返済しないといけないのか、そもそもブラジルは輸出からどれく
らい外貨を稼いでいて、輸入にどれだけ外貨が必要なのか、外貨準備はどれ
ぐらいあるのか等々、詳細なデータや情報を早く集めてG5会議の準備をし
なければなりません。しかしそのようなデータは一体どこにあってどう入手
すればよいのか？　大蔵省にはないし、交渉相手のアメリカ財務省に聞くわ
けにもいかないし。

正解はIMFなんですね。IMFにはこの種の情報がどっさりとある。国際
金融局のIMF担当課を通してデータ・情報を入手し、それを佐藤次長室に
持ち込んで、連日連夜、データの解析とG5会議の対処方針の作成が続きま
した。

第5章　国際金融の舞台裏

　もう1つ私には大きな仕事がありました。それは日本の資金支援を国際的に約束するには、国際金融局の権限だけでは不十分で、国の予算や財政投融資を担当する大蔵省主計局、理財局などの部局の了解、場合によっては大臣の了解を得て、国際会議の場で日本としてYes・Noを言える権限（マンデート）をもらわないといけないからです。これらの部局への説明と折衝も大変骨の折れる仕事でした。なぜ、ブラジルのデフォルトを食い止めることが日本の利益になるのかをペーパーにして、連日連夜通いつめました（結果は関係部局の完全な了解を得られないまま、ニューヨーク出張となりました）。

　G5の会議が開かれたのは、ニューヨーク連邦準備銀行（アメリカ中央銀行のニューヨーク本部のようなもの）の建物でした。前日ドイツやイギリスの代表と情報交換をして会議に臨みました。会場に入ると、メインテーブルに6つの椅子が用意されています。おやっと思って見ていると、議長を務めるアメリカ財務省の次官補の横に座って、しきりに打ち合わせをしている人がいます。そして会議では、この人が、ブラジルの経済状況、対外収支、今後の資金繰りの見通しなど肝心なところをすべて説明し終始中心的な役割を果たすことになりました。この人の正体はIMFの為替貿易局長でした。IMFの政策全般を担当する局長です。このIMF局長の説明ぶりのすごさは半端ではありませんでした。ブラジル国家破産の経緯・背景を巧みに語るさまはもちろんのこと、情報・データの掘り下げのレベルがすごい。「IMFはすごいぞ」とは聞いていましたが、こういうことなんだとわかった気がしました。

　会議は3時間ほど続きましたが、G5による救済の効果を疑問視する意見が大勢を占め、G5が資金援助をおこなってもブラジル問題の根本的解決は望めないのでブラジル政府にはIMFに泣きついてもらうしかないだろう、という結論になりました。

　はたしてこの後、ブラジルはG5会議の筋書き通りIMFの融資を受けながら国家破産の処理をしていくことになります。そして、私はこのブラジル問題にどっぷりと関わることになりました。たくさんのことがありましたが、一番印象に残っているのは、ブラジルからこの債務問題を担当している大臣（「企画大臣」という人で、ブラジル政府の実力者と評されている人でした）が来日して日本の関係各省と協議する場でスピーチをしたときのこと

135

です。なんとその大臣は、「今回ブラジルが窮地に陥ったのはブラジルの責任ではなく貸し手の責任である」ということをとうとうとしゃべり続けたのです。だいぶ後になって、当時のブラジルは、非常な社会主義的プロパガンダとポピュリズムの高揚期にあったということを知りましたが、そのときは、この大臣の一方的なスピーチを聞きながら、「人から借りたものは返さないといけない」という基本を守らない人が主要大臣をやっているブラジルの破綻の理由がわかったような気がしたのを覚えています。

Column　IMFと世界銀行とはどう違うの？

　IMFは「世界の中央銀行」といわれており、世界銀行はその名の通り「世界の銀行」ですから、ややこしいですね。双方とも1944年のブレトンウッズ協定によって設立された国際金融機関ですが、本来の任務はまったく違います。

　IMFは加盟国（現在189カ国）が対外的な支払いが困難に陥った場合に資金支援をおこなう国際金融機関です。つまり、ある国が海外からの借金の返済や輸入代金の支払いなどに必要な資金に窮し、かつ信用がなくなって民間市場からの資金調達もできなくなった場合、IMFからお金を借りることになります。最近ではギリシャのケースが有名ですね。ギリシャは2010年に財政状況の悪化が表面化、ギリシャ国債が暴落して政府の資金繰りが行き詰まるという事態になりました。IMFとEUが共同して資金支援をおこなっています。

　このほか、IMFは世界全体・各国・各地域の経済情勢をモニターし、加盟国の経済政策に関して助言をおこなうといった仕事もしています。本部はアメリカのワシントンD.C.にあり、2016年現在、専門職員約2,100人、加盟国からの出資規模は約4,800億SDRとなっています（SDRはIMFから加盟国に配分される特別引出し権のことで、加盟国は必要なときにはSDRを使って外貨を取得することができます。2017年10月現在、1SDR≒1.4USドル）。

これに対して、世界銀行は発展途上国の経済開発を支援することを目的とした国際金融機関で、途上国のインフラ、教育、保健、行政、金融、農業、環境などさまざまな分野のプロジェクトに対して、資金支援や技術援助をおこなっています。通常、1944年に設立され低中所得国への貸出しをおこなっている国際復興開発銀行（IBRD）と1960年に設立され最貧国の政府に無利子融資や贈与を提供している国際開発協会（IDA）を合わせて世界銀行とよんでいます。本部はアメリカワシントンD.C.にあり、2016年現在、専門職員約4,300人、IBRDの資本規模約2,800億ドル、IDAの出資規模約2,500億ドルとなっています。

したがって、以上のような両機関の任務からして、発展途上国支援などの分野では役割が重複するところがあり、両機関は政策の矛盾や無駄が生じないよう絶えず情報の共有、政策調整をおこなっています。

職員の専門で比較すると、IMFでは職員の大半がマクロ・エコノミストで組織の中核を占めているのに対し、世銀はさまざまな分野の専門家が寄り集まった組織です。また、両機関の組織風土について、IMFは世銀に比べて、中央集権的な官僚機構のようで、仕事の仕方や政策基準といった面でも組織の統制がよくきいているといわれています。

資金調達の面で両機関を比較すると、世銀が加盟国からの出資金（資本）をもとに世銀債という債券を発行して市場から資金を調達し、それを途上国に貸し付けるのに対し、IMFは、基本的に市場からの資金調達はおこなわず、加盟国からの出資金を直接、資金が足りなくなった国に融通するというやり方をとっています。IMFは基本的に協同組合であり、「Bank」ではなく「Fund」と名付けられている所以です。

IMFビル（右側）と世銀ビル（左側）
ワシントンD.C.19番通りを挟んで向かい合っています。（写真：大野健一・大野泉『IMFと世界銀行』日本評論社より）

3　IMFのパワー

　国家破産というと最近では2010年から続いているギリシャ危機が有名で
すね。一般に、国家が資金繰り困難に陥ると、各国、各国の政府機関、民間
の銀行などはデフォルトを警戒して、資金の貸し付けをまったく止めてしま
います。そしてその国が十分な外貨を持っていない場合には、毎日の輸入代
金などの支払いもできなくなってしまう。国家破産です。こうなった場合、
現在の国際金融制度ではIMFに救済を頼むしかありません。頼むとどうな
るか？

　世界の関係者が注目するなかで、IMFの調査団が破産した国に乗り込
み、その国の経済、金融、貿易、税金、予算などの一切合切を調べ上げま
す。そして、その国の経済がなぜうまくいっていないのかという原因を究明
したうえで、破産状態から抜け出すための政策パッケージを作り上げ、その
実行を借入国に迫ります。政策パッケージには、通常、「財政赤字をGDP
比で○○%に抑えるべし」といったような条件が入っています。これが悪名
高い「IMFのコンディショナリティ」です。悪名高いといわれるのは、増税・
政府の支出カット・金融引き締めといったような国民の痛みをともなう条件
が出されることが多いからです。IMFが支援する国で民衆の抗議デモが起
こり政府が窮地に立たされることもよくあります。ギリシャもそうですね。

　IMFとの交渉の結果、政府がこれを呑んで"letter of intent"という承諾
書にサインすれば、めでたくIMF融資が実行されることになります。IMF
のすごいところは、IMFと借入国との融資の合意が成立すると同時に、そ
れまでストップしていた各国や民間銀行からの融資が一斉に再開されるとい
うことです（当時は、世界銀行〔以下「世銀」〕の融資もこのIMFと借入国
との合意によってしばられていました）。また、破産した国とその国に貸し
付けがある債権国が一堂に会して借金返済の猶予や減額の交渉をおこなう
「パリクラブ」[3]という債務救済交渉の場がありますが、これも、IMFとの合

---

3)　外国からの借金の返済が困難になった国に対し、債権国がパリに集まって、債務の
　　繰延べ（「リスケジュール」）や債務削減などによる債務救済を議論する会議。1956年
　　にアルゼンチンの債務救済を議論するために関係国が集まったのが始まり。フランス

意を待っておこなわれることになります。IMF は破産した国家の命運を握っている、といってもいいほどの強い権限をもった国際機関なのです。

4　アジア開発銀行（ADB）へ

　1984 年 5 月の連休のころ、わけあって急遽フィリピンのマニラに本部があるアジア開発銀行（ADB）の総裁補佐官の採用試験を受けることになりました。とんとん拍子に話が進み、6 月 10 日にはマニラに赴任するという急展開になりました。5 月末まで投資第三課の仕事からは解放されませんでしたので、マニラへの引っ越しの準備とで強烈に忙しい 5 月となりました。

　まだ引っ越しの荷物も届かないうちの 6 月 17 日、総裁と総裁夫人に随行し、シンガポール、ニュージーランドへの ADB 総裁公式訪問に出発しました。ADB のことをろくにどころか何も知らない私にとって、この初めての海外出張は悲惨なものでした。ニュージーランドでは、ADB 総裁の公式訪問は準国賓待遇です。首相や関係大臣との会談はもちろんのこと、議会に総裁が招待され、議会内の格式ある部屋で関係大臣が出席しての総裁スピーチといった行事もありました。ADB からの出席者は総裁とニュージーランド代表理事と私だけです。同じテーブルに座っていた大臣たちから、私にもバンバン質問が飛んできます。「ADB の最近の ASEAN 向けのレンディングはどうですか？」「インドネシアへのツー・ステップ・ローンの成果は？」等々。死ぬ思いをしました。

　ADB は、いまでこそ、最近 AIIB[4] という中国主導の国際開発機関が華々しくデビューした関係で話題になったり、2013 年に日銀総裁になられた黒田東彦総裁の前職がアジア開発銀行総裁であったということもあって知名度は上がっていますが、1984 年当時は日本でもほとんど知る人はいませんで

　財務省が主宰しています。

4)　　Asian Infrastructure Investment Bank（アジアインフラ投資銀行）の略称。2016 年 1 月中国主導で、アジアの発展途上国のインフラ投資の支援を目的として設立された国際開発金融機関。2017 年 10 月現在、加盟国数 80 カ国・地域。日米は、銀行のガバナンス（経営構造）や開発プロジェクト実施の際の環境・社会配慮に懸念される点が多いとして、加盟していません。

した。1966年に当時のECAFE、いまのESCAP（国連アジア太平洋経済社会委員会：本部バンコク）を母体として設立された国際開発金融機関で、アジア太平洋地域の発展途上国の開発を支援するために世界各国が資金を拠出して運営しています。

ところで、どうして本部がマニラにあるのかという質問をよく受けますが、1966年の設立時、本部をどの国がホストするかというのを希望国が立候補して投票で決めたのですが、3回目の決選投票で日本はフィリピンに1票差で負けてしまったんですね。当時の佐藤栄作総理をはじめ政府の関係者は大変ショックを受けたと伝えられています。決選投票前夜、投票がおこなわれたマニラでは、フィリピン政府が各国の代表団をマニラ湾周遊の盛大な晩餐会に連れ出すなどの大選挙活動を展開したそうです。

現在ADBは、加盟国67カ国、職員数3,000人、年間融資額140億ドル程度の銀行ですが、1984年当時は加盟国45カ国、職員数1,000人程度で、銀行の幹部も、総裁と3人の副総裁、その配下に局長が十数人といったこじんまりとしたものでした。総裁と3人の副総裁の経営陣をサポートする専門スタッフは私1人でした。あとはフィリピン人の女性秘書がそれぞれの部屋に2人ずつ居るだけです。総裁補佐官の重要な仕事の1つは、総裁に随行して各加盟国を訪問し、総裁が各国の大統領・首相・財務大臣などのリーダーたちと面談し、各国の経済や開発の問題について協議、意見交換するのをサポートすることです。当時はパソコンもメールもない時代ですので、全部手書きでテイクノートし、重要事項は、必要に応じて、出張先から本部の副総裁や局長にいちいち電話連絡していました。いまから思えばすべてが素朴でしたが、とにかく忙しかった。

ADB総裁補佐官時代、バヌアツ共和国大統領とポートビラにて

第5章　国際金融の舞台裏

5　中国の ADB 加盟

　ADB 総裁補佐官の仕事を 2 年半ばかりやりましたが、当時一番大きな問題だったのが、中国の ADB 加盟でした。ADB が 1966 年に設立されたときには、「中国」は台湾政府が "Republic of China" として加盟し、以来メンバーとなっていました。国連では、1972 年に中国の代表権問題として片がついて、台湾と交代する形で北京政府が中国を代表するようになりました。IMF も世銀も同様です。しかし ADB は国連グループの機関ではないので、1984 年当時はまだ台湾が中国を代表していたのです。

　1981 年ごろから、鄧小平が「中国は ADB に加盟する権利がある。ただし、台湾が出ていくことが条件である」というようなことをいい始めていたらしいのですが、私が入行した 1984 年頃にはだいぶ話が進んでいて、中国の ADB 加盟をめぐり、アメリカ、北京政府、台湾政府、日本、そして ADB の 5 者間の交渉が本格化していました。ADB の藤岡眞佐夫総裁は「台湾は設立時からのメンバーとして立派に ADB に貢献している。国連のように台湾を追い出さずに、残したままで北京中国が加盟できないものか」という考えでした。アメリカがカギでしたが、台湾派が力をもっているアメリカは総裁案を支持してくれました。

　1 つのポイントは ADB 協定の解釈でした。ADB 協定には「ある国が ADB に加盟するためには、国連加盟国でないといけない」という条文があります。しかし、一方で、台湾のように、その条件を失った現加盟国についての扱いは書いていないのです。そこで、ADB は、「この問題はリーガルマター（法律問題）ではなく、ポリシーマター（政策問題）である。したがって、株主である加盟国が協議して決めればよい」という解釈を出して協定上の問題をクリアーすることを提案しました。各国から特段の異議はありませんでした。あとは北京政府が台湾残留を認めるかどうかです。

　北京政府はずっと「台湾は出ていかないとダメだ」といい続けていましたが、アメリカのプッシュもあってだんだん軟化し、「台湾の名前を "Taiwan, China" に変更し、かつ、台湾の国旗を変えるか掲揚しないならば残留を認めてもよい」というところまで降りてきました。台湾はもちろん猛反対で

141

す。どうして自分の国の名前を変えないといけないのか、人の国の国旗に口出しするとはけしからん、といった具合です。何度も中断しましたが、最後はアメリカが動き、1985年の年末に至り、「台湾を"Taipei, China"という名前で表記し、国旗については加盟国45カ国の国旗全部をADB本部から撤去することを条件に、台湾はADBに残留してよい」という案がまとまりました。台湾は最後まで大不満でしたが、ADBを脱退することはしませんでした。

中国のADB加盟時、趙紫陽総理と北京にて

1986年1月中国加盟が実現し、それまでADB本部ビル前にはためいていた各国の国旗が撤去されました。この中国加盟交渉のため、マニラ—ワシントン—東京—台北—マニラというルートの出張を幾度か繰り返しました。台湾当局とは、当時パン・アメリカン航空という航空会社の飛行機が東京からマニラに飛んでいて、途中50分間ほど台北空港に立ち寄っていたのですが、この便を利用して、台北に着くやいなや台湾政府の人たちがADBの我々を機側で出迎え、飛行機の近くに用意していた会議室で50分を使って慌ただしく交渉するといったようなことも何度かありました。

1986年5月、中国のADB加盟後初めてのADB総裁の北京への公式訪問があり随行しました。当時の中国政府は、鄧小平中央軍事委員会主席、胡耀邦共産党総書記、趙紫陽総理という陣容で、リベラル派がリーダーシップをとっていた時代でした。趙紫陽総理とお会いしたとき、彼が「このたびの中国加盟の実現は、ADB総裁のご尽力のおかげです」とはっきりと謝辞を述べていたのを覚えています。後に、趙紫陽氏は天安門事件[5]で失脚していくわけですが、台湾を残したままでの中国のADB加盟は、あのようなリベラル派の時代だったからこそ実現できたことではないかと思っています。

---

5) 1989年4月、中国共産党の改革派指導者だった胡耀邦・元総書記の追悼集会をきっかけに、多数の学生らが北京の天安門広場で座り込むなど、民主化を要求する大規模な運動に発展しましたが、これに対して政府が軍を投入し、武力制圧した事件。

Column　世界経済の勢力分布

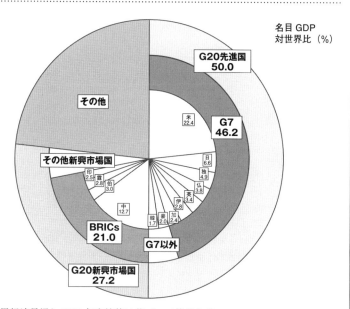

IMF 世界経済見通し 2013 年実績値に基づいて筆者作成
G20: G7、オーストラリア、韓国、BRICs、インドネシア、トルコ、アルゼンチン、メキシコ、サウジアラビア、南アフリカ

　上図は、2013 年の世界経済の勢力分布をグラフにしたものです。2013 年の世界の GDP（国内総生産）は約 76 兆ドルでした。各国の GDP のシェアがパーセンテージで示されています。トップがアメリカで 22.4%、第 2 位が中国で 12.7%、第 3 位が日本で 6.6% といった具合です。日本は長年 2 位でしたが、2010 年に中国に追い越されました。
　いま世界をリードしている G20 のシェアが約 4 分の 3、G20 先進国のシェアが約 50% であることがわかります。また上図には示されていませんが、地域別でみると、概ね、ヨーロッパのシェアーが 4 分の 1、北米のシェアが 4 分の 1、アジアのシェアが 4 分の 1、そのほかの地域が 4 分の 1 となっています。そして、アジアの拡大が顕著になっています。

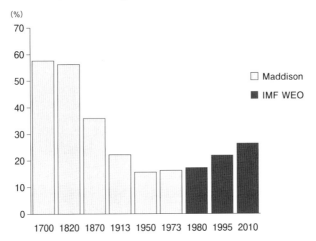

Sourse: Maddison, Angus; Contours of the World Economy; IMF World Economic Outlook, October 2010, Data for 1750-1790 is in PPP and data for 1991-2010 is in market prices.

資料「Asia2050」ADB

　上図は、1700年から現在までの長期にわたって世界のGDPに占めるアジアのシェアの推移をみたものです。1950年ごろを境に拡大を続けているのがわかります。これは、戦後の日本の復興と高度成長、それに続く4タイガーとよばれる韓国・台湾・香港・シンガポールの勃興、先進アセアン国のマレーシア・タイ・インドネシア・フィリピンの発展、そして90年代からの中国の発展成長があったためです。

　G20では、アジアから日・中・韓・豪・印・尼の6カ国が参加しています。戦後ブレトンウッズ体制が敷かれたときアジアの発言力はほとんどありませんでした。しかし、現在、アジアは世界の人口のほぼ半分、GDPと貿易の約4分の1を占めるまでになっています。「アジアの時代」といわれる所以です。そして、「アジアはどうして高い成長を実現できたのか？」が開発論の大きなテーマになっています。

6 IMF 職員になる

1986年秋、ADBから大蔵省に戻り、しばらく本省の大臣官房、理財局、主計局、国税庁などの部署で勤務しました。1993年の春、そのころ国税庁総務課企画官という仕事をしていましたが、わけ

大蔵省大臣官房時代、宮沢大臣と北京にて

あって、IMFの採用試験を受けることになりました。採用試験は、ワシントンの本部で2日間にわたっておこなわれました。

採用試験は書類選考と面接です。面接はIMFの局ごとにおこなわれ、書類選考で私に興味をもった局（ヨーロッパ局、金融為替局、財政局、財務局、政策審査局の各局でした）が、それぞれに面接チームをつくり、面接をします。出される質問は、世界経済に関する諸問題です。前年1992年に起きたヨーロッパ通貨危機、世界の対外収支の不均衡の問題、日本の金融セクターの不良債権処理の問題などなど。日本の経常収支黒字解消のために輸出規制をかけたら世界経済のマクロバランスはどう変わるか、といった突拍子もない質問もありました。1日目の面接は朝9時から午後5時までびっしりで、2日目は各局の人事担当次長との面接でした。とにかく面接に次ぐ面接で、インタビュー力が試されていると感じました。

帰国してしばらくすると、財政局からオファーがありました。面接で、日本の銀行や企業の不良債権に対する税務処理の問題について詳しく喋ったので、採ってくれたのかもしれません。財政局というのは、英語のFiscal Affairs Departmentの日本語訳ですが、世界各国の財政（税金や予算）に関する政策や制度を担当しているところです。私はその局で、審議役や課長として3年ほど勤務することになりましたが、当時財政赤字やインフレが原因で国が破産状態になってIMFに救済を求める国は後を絶たず、大変忙しい毎日でした。

私がIMFに入った1993年はソ連崩壊後間もないころで、旧ソ連・東欧諸国が社会主義経済体制から市場主義経済体制へ移行しようとしているときでした。G7主導であった当時の国際社会は、このとてつもないプロジェクト

の支援とアドバイスを IMF と世銀に託したのです。IMF 職員の士気は高まっていました。財政局の仕事でいえば、それらの国の税制や予算制度を根本的に変えないといけない。しかし一朝一夕にはいかないので、どんどん財政赤字は膨らむ、インフレは悪化する、外貨準備は底をつき、輸入代金の決済にも事欠くといった状態が続いていました。旧ソ連国の多くが国家破産に近い状況

IMF 財政局幹部リスト

だったと思います。グルジアやアゼルバイジャンへ出張に行く IMF の同僚が、「泊まるホテルにタオルやトイレットペーパーがないので、スーツケースの限界まで詰めていく」といっていました。

7　ザンビアの消費税導入

　IMF に入ってしばらくして、初めての「ミッション」に参加することになりました。ミッションというのは海外出張のことで、IMF に調査に来てほしいという加盟国の要請に基づいて、その国に出向き、経済や財政の状況を調査したり政策を勧告する仕事のことです。ある日の財政局の幹部会議で、「ミスター坂口もそろそろミッションに行ってもらうことにする。ちょうど 1 カ月後にザンビアの消費税導入ミッションがあるから、それに参加してほしい」ということになりました。

　ザンビアはアフリカ南部に位置する人口 1300 万人ぐらいの国です。そのころ、税収が思うように上がらず、財政赤字増大、経済不調に苦しんでいました。これに対し IMF としては、消費税を導入し税収を上げるという政策をザンビア政府に勧告しようと考えていました。というのは、当時のザンビアの税制では関税、所得税、法人税が主軸でしたが、所得税や法人税では思うように税金がとれていなかったからです。

第5章　国際金融の舞台裏

　所得税や法人税を正しく徴収するには、納税者である個人や会社の「所得」を正確に捕捉・確定することが必要となりますが、そのためには、納税者が関係する法律や会計の知識をもっていて、正しい申告・納税をすることが前提となります。しかしザンビアのような国にとってはこれがなかなか難しい。それに比べて消費税は比較的執行のしやすい税金とされています。税務署の調査を考えても、会社や商店などの納税義務者に「インヴォイス」（納品書）という通常の取引で使っている書類を保存しておいてもらえば、それらの書類を調べればよいので、納税が正しいかの検証も比較的簡単です。当時IMFは、こういった理由から、税収が思うように上がらない国に対して、消費税導入を勧めていました。ザンビアのケースもその1つでした。

　ミッションの3週間くらい前に、ミッション・メンバーが集められ打ち合わせがありました。メンバーは、私を入れて全員で5人、リーダーは財政局税務執行課の課長でチリ人の女性でした。ほかに財政局のスタッフが、私のほかに2人（アメリカ人とカナダ人）加わりました。そしてもう1人は、イギリス人のコンサルタントで、以前イギリス関税消費税庁の課長をしていた消費税法の専門家でした。IMFは、常時、世界の税や予算の専門家を登録しておいて、ミッションごとにIMFの「契約職員」として参加してもらうという制度をもっています。このイギリス人コンサルタントの参加もこの制度を利用したものでした。彼は、ロンドンからザンビアに直行し、現地集合するということでした。

　打ち合わせは1時間程度で、リーダーからミッションの目的と各メンバーの分担の話があり、「ミスター坂口は、ザンビアの財政収支改善に必要な税収額の推計、食料品・医療品等への軽減税率の導入の是非と軽減税率導入の場合の税収減の見積もり、所得税・法人税を廃止した場合の税収減の見積もりなどを担当してほしい」ということでした。打ち合わせはこれ1回きりで、「では、ルサカ（ザンビアの首都）のインターコンティネンタルホテルで再会しましょう」ということで散会となりました。

　IMFの出張は、日本の会社や官庁の出張のようにチームが団体旅行するのではなく、スタッフめいめいがそれぞれの旅程で移動して現地集合するのが原則です。当時、サブサハラのアフリカには行ったことがなかった私は、

147

ワシントンからルサカまでどんなルートで行くのか、ルサカの空港からホテルまでの交通手段は何があるのか、マラリア蚊がいるらしいが予防はどうするのか等知らないことばかり。初めてのサブサハラ・アフリカへの一人旅には少々緊張感がありました。

　当時、コンコルドという全席ファースト・クラス、マッハ２で飛ぶジェット機が大西洋を飛んでいて、これを使って３時間半ぐらいでワシントンからロンドンに飛び、ロンドンですぐに乗り換えて、英国航空で南アフリカ・ヨハネスブルクとジンバブエ・ハラレを経由、ルサカ空港にたどり着きました。ワシントンの自宅を出てから合計20時間ほどの旅行でした。空港では、"IMF Mr. Sakaguchi" と書いた紙を持ったザンビア財務省の人が出迎えてくれました。

　ミッションは現地でだいたい３週間の日程です。この間に、100ページ程度のザンビア消費税導入に関するレポートを書き上げないといけません。まず、ザンビアの財政、金融関係のデータを集めることから始めます。５人で手分けして、ザンビア財務省や中央銀行、国税庁等に行って、資料を見せてもらいデータを収集します。それをホテルに持ち帰って、毎晩各自が集めたデータを突合・分析しながら、次の情報収集、調査の方針などを打ち合わせます。しばらくはこの繰り返しです。総じて、途上国でデータが比較的そろっているのが中央銀行で、政府の官庁は資料が散逸していることが多い。ザンビアも例外ではありませんでした。

　私の担当の税収の見積もりについては、理論上の計算のやり方はワシントンの本部で習得ずみで、25 × 25 の産業連関表[6]を作って推計しようと決めていました。問題は、実際のデータです。先進国では、日本の内閣府（旧経済企画庁）のような部局がしっかりした統計をもっていますが、ザンビアではそうはいかない。完全でないデータから推計やゲスワーク（推量）を重ねて、マトリックスを作っていくことになります。ザンビアの主要産業である

---

6)　ある国の経済について、一定期間（通常１年間）、各産業部門間で、モノやサービスがどれだけ、どのように「購入→生産→販売」されたかを、行列（マトリックス）のかたちで一覧表に取りまとめたもの。産業連関表を使うと、消費税の課税対象となる消費額が各産業部門ごとに計算できます。

第5章 国際金融の舞台裏

鉱業セクターのデータについては、ザンビアの国営銅鉱山会社（ZCCM という名前の会社でした）まで出かけて行って取材したこともありました。もちろん推計・推量といっても、ワシントンに帰ったら本部での審査がありますし、あまりいい加減なことはできません。私はこのような仕事をしながら、途上国の経済について信頼できるデータや統計を作成し国際社会に提供していくことは、IMF のような国際機関の重要な役目だと思いました。

2週間ほどかかって、なんとか 25 × 25 のマトリックスを作り上げました。軽減税率をどの物品に適用するか、これはポリティカルな問題でもあるので、いくつかのケースに対応できるようにしておきました。しかしこれで終了ではありません。税収を推計するには、実際に集められる税金は、理論上の数字よりも低くなるのが普通なので、そのぶんを調整しなければなりません。それは、納税者は正直な人ばかりとは限らないし、また、税務署が、100 パーセント正確に、納税者の必要納税額を把握することは不可能だからです。

これは、専門用語で「コンプライアンス」といわれている問題で、日本では古くからクロヨンやトウゴウサンという言葉で議論されてきました。クロヨン（9・6・4）というのは、サラリーマンについては、彼らの税金は給料が払われる際に会社が天引きしてしまうので、支払われるべき税金の大方(9割)は支払われているであろう、しかし自営業者や農家のような第一次産業従事者については、サラリーマンのような税金のとり方はできないので、必要な納税額の6割あるいは4割ぐらいしか払われてないのはないか、ということをいったものです。ザンビアについては、幸い、IMF 財政局に「各国のコンプライアンス推計値表」という便利なデータがあり、ザンビアにも使えたので、その数値を理論上の税収にかけて計算することにしました。

こういった3週間ぐらいのミッションを3回ほどやって、いよいよ消費税導入勧告案をザンビアの財務大臣に提出することになりました。勧告案には、導入されるべき消費税の税率は「16 〜 17%」と幅をもって書いておいたところ、大臣が「ミスター坂口、16 〜 17% というのはどういうことですか？」と質問するので、私は「これは推計の結果で、最終的に何パーセントにするのかは、ザンビア政府の方で決められたほうがいいのではないか」と

149

いったんですが、大臣が「ミスター坂口は何パーセントがいいと思うのか？」と再度聞くので、私は気合で「では低いほうの16％でどうですか」といったら、「それでいこう」と決まってしまった。それからしばらくして、ザンビア消費税導入法案は国会で承認され、1995年から実施されることになりました。

　私は、このプロジェクトでザンビアを担当したほか、予算制度や税制の関係でマラウイ、ナミビア、エリトリアなどサブサハラのいくつかの国の財政問題に関与しました。そのなかで感じたことは、そのころから徐々に流行り言葉になっていましたが、「ガバナンス」ということでした。

　「ガバナンス」というのは、直訳すると「統治」という意味ですが、開発の分野では、「ある国が、国民のための正しい政策を実行し、その国の人的・物的資源がきちんとした制度やルールに則って有効利用されているかどうか」を表す言葉です。1989年にアフリカのミッションから帰ってきた世界銀行のスタッフが「サブサハラアフリカ―危機から持続可能な成長へ―」というレポートで初めて使用して以来広く使われるようになりました。一国の経済社会が発展していくためには、いろいろな制度（法律でいうと民法や会社法や破産法等々）が整備され、かつ適正に執行されなければいけませんが、途上国の多くにとって容易なことではない。ザンビアの税制などでも、西欧並みの法令は一応あることはあるのですが、執行がうまくいっていない。ザンビア財務省で税制を担当していたのは、英国の援助資金を使って来ていた英国人の専門家1人だけで、彼がいなくなったらザンビアの税制について詳しく知っている人は誰もいないというような状況でした。ザンビアの政策にかかわる人たちの能力向上（専門用語で「キャパシティ・ビルディング」といいます）が急務だと思いました。

IMFでのマラウイ・ミッション
マラウイ財務省前で

8 ウクライナの税務署作り

IMFでは、クロアチアやウクライナなどの旧ソ連・東欧の国々の財政改革にも携わりました。当時これらの国は、社会主義経済体制から市場経済主義体制への転換を図ろうとしていましたが、そのためには国の予算や税金の制度を市場経済に合った制度に変えなければなりません。

税制の分野では、徴税システム、つまり国民から税金を徴収するしくみを抜本的に変える必要がありました。旧社会主義経済国では、国営・公営企業が中心ですから、それらの企業に利益が出た場合、利益の一部を国庫納付、つまり国営企業の勘定から中央銀行の勘定に一定額を振り替えるというやり方で「納税」は済んでしまいます。しかし市場経済ではそうはいかない。企業が利益を出した場合、税金（法人税）を自ら計算して税務署に申告し納めるという申告納税制度が基本になります。そして、会社の申告が正しいか、会計処理が正しいかなどを確かめる「税務署の調査」が、申告納税制度が機能するうえできわめて重要になってくるのです。

この「税務署の調査」、日本ではあたりまえになっていて、『寅さん』の映画などでも「日本の日常」として登場しますが、当時のウクライナのような国にとっては、頭では理解できてもすぐに実行することはなかなか難しい状況でした。IMFや世銀にいわれて西欧流の税制や税務署のしくみは作ったものの、いろいろとんちんかんなことが続発しました。

税務署が会社に「調査する」といって入ってみたが、何を調査していいかわからない。会社も税務署も、企業会計や税金のしくみを一応西欧式に切り替えたものの、やったことがないので何をしていいのかわからないのです。一方、IMFや世銀からは「税務調査がうまくいかないのは、税務職員の調査に対するインセンティブ（動機づけ）が足らないからだ」などとやかましくいってくる。

IMF クロアチア・ミッション
ザグレブの市場にて

そこで、ウクライナ国税庁は、苦しまぎれに、「税務署調査で間違いが発見できて追加の税収が入ったら、その何割かを職員の福利厚生にあてていい」といったような制度を作った。はたして、ある税務署では、税務調査の結果増収になったので、税務職員の着替え室のロッカーを買った。そこまではシナリオ通り。ところが問題が起きる。その税務署の職員が、調査に入ったら、調査先の会社で間違いがみつかるまで会社に居座って帰らないという事態が頻発するようになった。そこで、会社のほうとしては、税務署員に居座られると仕事にならないので、間違ってもいないのに間違っておりましたという「お土産」を用意し、そのための書類改ざんをするようになった。こんな笑えないようなエピソードもありました。

　IMFでは、中国の税制改革にも携わりました。中国は1994年、分税制の導入という税制の大改革をやったのですが、そのお手伝いでした。1990年代の初頭まで、中国の徴税は地方の税務署が税金を集めて中央政府に送るという地方に依存した体制だったんですが、だんだん中央に税金が入らなくなってきた。そこで、消費税（中国では「増値税」といいます）のような主要な税金の取り分を「中央7割、地方3割」というように定めるとか、中央の税務当局を増強するといった改革を断行しました。当時、中国はIMFからお金を借りていませんでしたが、IMFを呼んだのは、もちろんIMFの知見に頼るという面はあったんでしょうが、それ以上に、「IMFが言うから」というお墨付きで改革反対派を抑えようという狙いもあったのではないかと思います。

　IMFでの3年はあっという間に過ぎ、IMFからは「もっと居ないか」との誘いもありましたが、ずっと米国暮らしに切り替えるという決断はできませんでした。1996年6月に帰国し、大蔵省主計局給与課長という国家公務員の給与を担当する仕事につきました。それから3年ほど主計局にいましたが、そのころは日本の金融システムがおかしくなったときで、山一證券、北海道拓殖銀行、日本長期信用銀行の破綻、アジア通貨危機[7]、日本の国債の

---

7)　1997年7月タイの通貨バーツの急落に端を発し、インドネシア、マレーシア、韓国などに波及した通貨危機。アジア各国で銀行や企業の破たんが相次ぎ、経済が混乱しました。この危機を契機にアジアの地域金融協力の必要性が認識され、後のチェンマ

初めての格下げ等、日本経済を揺るがす大事件が次々に起こりました。主計局の担当課長や主計官として忙しい毎日を送りました。

9 再びアジア開発銀行へ

1999年春、わけあって、再びアジア開発銀行の採用試験を受けることになり、6月から再びアジア開発銀行に勤務することになりました。13年ぶりの勤務です。本部庁舎は、マニラのオルティガスというところに移っていて、新築の立派なビルになっていました。私が就任したのは、予算人事局長という仕事で、銀行の経営にとって一番大切な「人」と「金」を担当する部署です。銀行の経営方針や、アジアの開発戦略などにも深く関与することになりました。予算人事局は当時スタッフが130名ほどの組織で、次長がアメリカ人（女性）、人事課長がオーストラリア人、予算課長が日本人、福利厚生課長がシンガポール人という陣容でした。皆ハードワーカーで、抜群のチームワークを誇っていました。

1999年当時は、国連MDG[8]の前夜で、国際社会は発展途上国の開発戦略の大幅な見直しをおこなっていたときです。世銀ではジェームズ・ウルフェンソン総裁が、CDF（Comprehensive Development Framework の略で、「包括的開発の枠組み」と訳されています）という、途上国のオーナーシップの向上や世銀が中心となる各国・国際開発金融機関のコーディネーションの向上策を売りとした新しい開発戦略を打ち出してきました。たとえば、ベトナムへの支援でいえば、世銀が全体を仕切る枠組みを作り、ADBはイン

イ・イニシアティブ（日中韓アセアンの13カ国が資金を拠出し、資金不足に陥った国をサポートするしくみ）の創設につながりました。また、アジア通貨危機に対するIMFの対応策が批判されIMFの融資制度も見直されることとなりました。

8) Millennium Development Goals の略称で、2000年に国連が打ち出した開発目標のこと。貧困撲滅や初等教育の完全普及などの8つの目標を掲げ、2015年を達成期限としています。

2015年9月、国連はMDGに継いで、より広範な17の目標からなるSDG（Sustainable Development Goals）を採択しました。SDGは、途上国のみならずすべての国を対象としており、MDGの残された課題や2015年までの15年間に新たに顕在化した課題に対応することを目標にしています。目標達成期限は2030年。

153

フラ整備、世銀は保健、日本は教育セクター、といった具合にドナー間の役割分担を決めて重複や矛盾がないようにしようというわけです。さらに、世銀は途上国重視の戦略の目玉として、ワシントンにいた職員を大量に途上国各国にある世銀支店にシフトさせ、かつ、各支店の現地採用スタッフを大幅に増員し始めました。インドの世銀支店などは、一挙に職員数が200人まで膨れ上がりました。

ADBは応戦に追われました。なぜなら、ADBにとって、世銀主導で役割が決められるようなしくみは受け入れがたいし、なによりも、強力な競争相手である世銀がアジアの途上国各国に展開してくることは、アジアの地域開発金融機関を自任するADBの存在価値を脅かすのではないかと考えられたからです。そして、厄介なことには、こういった動きに対し、欧米の加盟国は、ADBを応援しようとするのではなく、「ADBと世銀との任務はますます重複してきている。ADBの存在意義は何だ」といって攻める側に回ったのです。

そもそも「世銀との役割分担」はADBにとって創設以来の悩ましいテーマです。歴代のADB総裁は、「世銀がワシントンにある"大病院"なら、ADBは、クライアントである途上国に近いところに本部を構えきめ細やかなサポートをする"ホームドクター"である」などと言っていましたが、いまや世銀のアジア展開によってADBの役割がますますはっきりしなくなったというわけです。往々にして欧米諸国はADBに厳しい批判を向けることが多かったのですが、このときはとくにそういった風潮が高まりました。

こうしたなかで、ADBは開発戦略を大きく変えていくことになります。まず開発目標を絞り込み、「貧困削減」を最上位の開発目標としました。そして、この目標達成に必要な戦略や政策も大幅に整理しました。現在ADBが掲げている、①包摂的成長、②環境重視の成長、③アジア地域の協力統合という3本柱も、このときの改革の流れを汲んでいます。次に、組織も大きく変えました。それまでプロジェクト局が主軸だったのを、国・地域局をメインに据え、よりクライアント重視の体制にしました。また併せて、インフラ、環境、教育、ガバナンス等の各セクターの政策を担当する部局を新設し、政策機能を強化しました。現在のADBの機構は、基本的にこのときの

大改革がベースになっています。さらに、途上国各国に展開する支店の数を増やすとともに、現地採用を大幅に増やしスタッフの増強をおこないました。

10　ADBと中国の台頭

　13年ぶりにADBに戻って大きく変わったと思ったのは、中国の存在でした。私が以前ADBに勤務していたときに加盟した中国が、大きくなって、資金拠出規模においても投票権においてもADBの中で日米に次ぐ第3位の国になっていました。中国出身の職員も増えて活躍するようになっていましたし、理事会における中国代表理事の発言もしっかりしていました。優秀な人を送ってきているなという印象でした。

　中国の台頭に伴って問題も起きていました。その1つが中国から副総裁を起用するかどうかという問題です。当時ADBには副総裁が3人いましたが、ADBは副総裁の数について、1983年にそれまで2人だったのを3人に増やして以来、組織があまりトップヘビーになってはいけないという理由から、3人よりは増やさないという方針を堅持していました。そしてその3人は、北米から1人、ヨーロッパから1人、そしてアジアから1人選ばれるという慣行になっていました（当時の3人の出身国はアメリカ、オランダ、韓国でした）。

　中国の言い分は「中国のADBへの出資額、貢献度から考えて副総裁の1人は中国から選ばれるべきである」というものでしたが、再三の要求に対し、ADB側ははっきりした返事をしないという状態が続いていました。

　2002年春、千野忠男ADB総裁と中国上海に出張した際、朱鎔基総理と夕食を共にする機会がありました。終始、和やかな雰囲気でしたが、何かの拍子で話題がADBの副総裁問題になり、朱総理からボソッと、「千野さん、私の総理引退もそ

ADB予算人事局長時代、朱鎔基総理と上海にて
前列右端は金立群氏（現AIIB総裁）

155

う遠くないが、私がADB副総裁に立候補したら採ってくれますか」という
発言がありました。千野総裁からはなんの反応もなくすぐに他の話題に移り
ましたが、あの明らかに単なる冗談ではない一言に一瞬場が凍り付いたのを
いまでも覚えています。

　中国が念願のWTO加盟を果たしたのが2001年。当時の中国は、朱総理
のリーダーシップの下で多くの改革を断行して、国際機関にも積極的に関与
し、国際社会での地位向上という戦略を着実に実行していた時期でした。そ
の後2003年になって、ADBは初めて中国から副総裁を迎えることになりま
す。このとき、副総裁としてADBにやってきたのが、現在AIIBの総裁を
している金立群氏です。金氏はその後5年ADBにいて中国に帰ることにな
りますが、したがってADBのことをよく知っている人です。AIIBとADB
の対立という人がいますが、アジアの発展のために両機関が協力関係を築い
ていくのは難しいことではないと思っています。

11　貿易交渉に携わる

　2002年6月にADBから大蔵省に戻りましたが、名前が財務省に変わって
いました。3年ほど国税庁で仕事をした後、大臣官房審議官（関税局担当、
WTO・FTA交渉担当）という仕事に就きました。当時、日本が本腰を入れ
始めていた諸外国との自由貿易交渉（Free Trade Agreement; FTA）と、
2005年の香港での閣僚会議でまとまるだろうといわれていたWTO[9]ドーハ
ラウンド交渉が主な仕事でした。

　財務省は関税や税関を所管していますので、貿易交渉にも関与します。
WTO交渉やFTA交渉の多くは、外務省、経産省、農水省、財務省の4省
が共同して交渉にあたる体制がとられています（広域FTAであるTPPに

---

[9]　World Trade Organization（世界貿易機関）の略称。1995年に設立された国際機関
　　で、貿易に関する国際ルールを定めたWTO協定の実施・運用を行い、世界の貿易体
　　制の中核を担っています。本部はスイスのジュネーブにあり、2017年1月現在、加盟
　　国は164カ国、事務局職員数は約600人。
　　　2001年にスタートしたWTOドーハラウンドの交渉が難航・停滞しており、これが
　　自由貿易協定（Free Trade Agreement; FTA）急増の背景にあります。

ついては、内閣府にTPPチームを作って交渉にあたるという体制がとられました)。

私は3年ほどこの仕事をやりましたが、まさにFTA交渉の最盛期で、この間携わった貿易交渉は、FTAだけでも、ざっと、日アセアン、日フィリピン、日メキシコ、日インドネシア、日インド、日ベトナ

財務省審議官時代、WTO本部(ジュネーブ)にて

ム、日オーストラリア、日チリ、日韓、日湾岸アラブ諸国といった具合でした。そして、これらの交渉がWTO交渉や世界税関機構（WCO）の会議と同時並行で進んでいたので、今週はインド、来週はオーストラリア、その次はジュネーブ、ブリュッセルという具合に、1年の半分ぐらいは海外出張をしていて、地球をぐるぐる回っていました。

12　3度目のアジア開発銀行勤務

3年ほど財務省で貿易の仕事をしたら、わけあって、2008年6月からアジア開発銀行の日本代表理事を務めることになりました。3度目のマニラ赴任です。

2008年秋に起こったリーマンショックに対応するアジア各国への支援、さらには、その支援のためにはアジア開発銀行自身の資金力の増強が必要だということになり、アジア開発銀行の増資の問題にも深くかかわることになりました。グローバルには、リーマンショック対応の流れの中で、アジア開発銀行の増資を先頭に、世界銀行、米州開発銀行、アフリカ開発銀行、IMFなどでも増資がおこなわれ、大規模な金融危機に対応する体制が整備されていきました。

総裁は現在日銀総裁をしておられる黒田さんで、4年間、総裁—日本代表理事という関係で一緒に仕事をしました。私にとっては3人目のアジア開発銀行総裁です。私が総裁補佐官として仕えた藤岡総裁、予算人事局長として

仕えた千野総裁、そして、黒田総裁。それぞれにマネージメント・スタイルが違い、職場の空気も違っていました。藤岡総裁は、行内で「藤岡天皇」とよばれるほどのトップダウン、千野総裁は、職員の意見を丁寧に聞きながら進めるスタイル、黒田総裁は、職員に対しては、細かいことにはあ

ADB理事時代、ADB幹部と本部庁舎にて

まり口出しせず、「先」を考えて仕事ができるよう情報やヒントを出す、といったスタイルでした。

2012年4月、関西学院大学に赴任することになり、アジア開発銀行そして35年務めた財務省を退職しました。数えてみると、35年間に仕事の配置換え22回、うち引っ越しを伴う転勤が15回、留学を含めた海外勤務15年、訪れた外国の数は71カ国になりました。

13　国際機関の役割と強み

ここで、私の経験を振り返って、国際機関の役割と強みについてお話しましょう。

GMS（Greater Mekong Sub-region の略）とよばれているメコン川流域6カ国（タイ、ベトナム、カンボジア、ラオス、ミャンマー、中国の雲南省・江西壮族自治区）の共同開発計画があります。すばらしい成果を上げているのですが、このプロジェクトの成功は、アジア開発銀行の存在抜きには考えられません。

1992年当時、まだカンボジア内戦の混乱冷めやらぬ頃から、ADBのスタッフが、メコン川流域諸国の代表者を集め、この地域の道路・電気・通信などのインフラ整備や開発は各国がバラバラにやるのではなく共同でやるべきだと訴えました。しかし、これらの国々は長い間戦争で争ってきた相手同士、なかなか話が進みません。ADBのスタッフは、何度も何度も各国のリーダー・政策担当者のところに足を運び、説得を重ねたと伝わっています。

以来20年余り、この努力が実り、各国をまたいだ道路・送電線・通信ネッ

トワークなどの整備が目覚ましい勢いでおこなわれました。たとえば、道路整備でいうと、東のベトナムのダナンという町からタイを経由して、ミャンマーのモーラミャインまで結ぶ全長1,450キロメートルの東西回廊といわれる幹線がほぼ完成しつつありますが、これが開通することによって、これまで海上輸送で3週間かかっていたのが、陸送で4日まで短縮されることになります。このほか、中国雲南省の昆明から南下し、ラオスを経由してタイのバンコクまで結ぶ全長2,000キロメートルの南北回廊も物流の効率化に絶大な貢献をしています。道路整備のほか、各国をネットワークする送電線網、通信網の整備も進んでおり、この地域のみならずアジア地域全体の発展のために、計り知れない推進力となっています（図5-1および図5-2）。そして、GMSにおける各国の協力は、現在、インフラ整備にとどまらず、環境、農業、観光、エネルギー、投資、人材育成など多くの分野に広がりをみせています。

　アジアには現在、GMSのような地域協力の枠組みがいくつかあって、いずれもアジア開発銀行が、事務局のような役割を担いつつサポートしています。政治的な野心が無く、どの国の国益にも縛られないADBが "honest broker" として各国をつないできたからこそ、こうした地域協力がうまくいっているのです。そしてこうしたことができるのは、ADBが国際機関として各国のリーダーや政府担当者にアクセスがあり、それらの国の政策について対話（"Policy Dialogue" といいます）や、政策勧告をする権限と信頼があるからです。

　もっとも、昨今途上国政府のスタッフのレベルは上がってきていますし、またグローバル化の中で、途上国政府も世界のベストプラクティスについてはほとんど知っています。かつてありがちだった「国際機関が途上国に上から目線で教えてあげる」というのはもう通用しなくなっています。国際機関職員には高い専門性・優秀さが求められています。

　もう1つ国際機関の役割として大きいのは、各国の経済、政策に関する情報やデータを収集分析し評価をおこない、それらを報告書などにおいて各国の政策担当者や世界の投資家に提供するということです。これも二国間協力ではなかなかできないことです。現在、民間企業やNGOなどが途上国の開

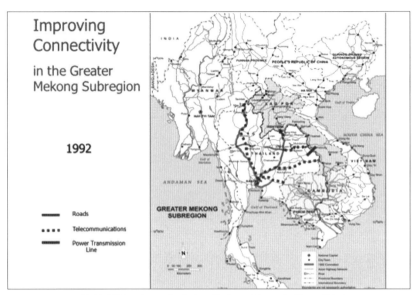

図5-1　メコン流域開発1（1992年当時の道路・通信・送電網の状況）

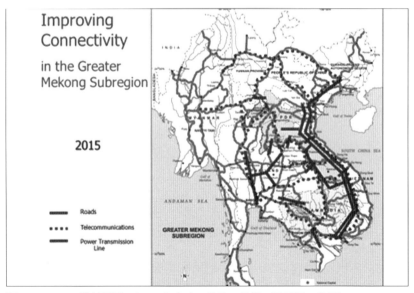

図5-2　メコン流域開発2（2015年当時の道路・通信・送電網の状況）

発に関与するケースも増え、民間の資金が効率的、効果的に使われることがますます重要になっています。国際機関が信頼できるデータ・情報を提供する役割は大きいと思います。

14 国際機関に勤める方法

「国際機関に勤めるにはどうすればいいのですか？」という質問を受けることがあります。もちろん国際機関によって違いますが、アジア開発銀行の例でいうと、採用されるためには2つのルートがあります。1つは、ヤングプロフェッショナル（YPP）として採用される方法で、これは採用時に33歳以下、修士号取得者優先、専門分野で実務経験3年以上、といった条件があります。大変人気があり、競争率も高いです。世銀にも同様の制度があります。2つ目は、空席ポストの募集が随時あるので、それに応募する方法です。これについても修士号取得者優先、実務経験10年以上といった条件があります。ちなみに、現在のADBの新規採用者の平均年齢は35歳程度となっています。

ということは、日本人の場合、大学の学部や大学院を卒業後、まず政府・政府関係機関・民間企業等に就職し、修士号を取ってない人は勤め先の留学制度などを利用して修士号を取得する。そして自分の専門分野の腕を磨きながら、自分の希望する国際機関の空きポストを探すということになります。大学を出て就職した会社で気に入ったら一生働き続けるのが一般的な日本では、努力と辛抱が要求されるプロセスかもしれません（この日本と欧米人のキャリアパスの違いが、国際機関で働く日本人が少ない原因の1つになっているのではないかと思います）。専攻する分野は、ADBのような開発金融機関の場合、経済・金融・工学・農業・都市計画・教育・環境等、途上国の開発が関係するさまざまな分野での人材を必要としています。それぞれの分野で実務経験を積み、専門知識と人脈を築いていくことが重要です。

表5-2は、主な国際開発金融機関・IMFの専門職員の数とそのなかの日本人職員の数を比較したものです。ADBを除けば、日本人職員の数は日本の出資比率や資金的貢献度に比べ少ない状況にあります。各国際機関からす

表5-2　主な国際開発金融機関・IMFの日本人職員比率（2016.4現在）

機関名	専門職員数	日本人職員数と その比率 (%)	日本の出資比率 (%)
世界銀行 (IBRD/IDA)	4,272	139　(3.2)	7.2
アジア開発銀行 (ADB)	1,058	150　(14.2)	15.7
米州開発銀行 (IDB)	1,754	18　(1.0)	5.0
アフリカ開発銀行 (AfDB)	1,263	9　(0.7)	5.5
欧州復興開発銀行 (EBRD)	1,363	13　(1.3)	8.6
国際通貨基金 (IMF)	2,163	53　(2.4)	6.5

出典：財務省資料より筆者作成

れば、よい人材がいれば日本人をもっと採用したいという状況にあるということです（この表にある国際機関は、人事部によるリクルートミッションを、日本に定期的に派遣しています）。

　日本人の国際機関への挑戦でハードルとなるのが英語です。採用時に要求される英語力はもちろんのこと、めでたく職員になっても、周りはほとんどが英語のネイティブ、またネイティブに近い英語力をもっている人たちなので苦労が絶えません。ミーティングなどで、分厚い資料が渡され、すぐにコメントを求められることはしょっちゅうですし、また書くことについてはもっと大変で、国際機関というところは、なんでもペーパーにすることを求められる。自分が考えたことを、ネイティブと同じレベルで、スピーディーに紙にまとめることは容易ではありません。

　英語の上達に奇策はありません。とにかく機会あるごとに、読む、書く、聞く、話す、を地道にトレーニングするしかないでしょう。ただし、秘訣はあります。1つはできるだけ若いうちにトレーニングをするということです。年がいくと、習得能力はどんどん落ちていきます。とくにオーラル（聞く、話す）はそうです。私は学生諸君に冗談半分に「英語のラーニングカーブは年齢の3乗に反比例する」と言っています。2つ目は、一定期間、できれば1カ月くらい以上、日本語をまったく使わず英語漬けの生活をすること

第5章　国際金融の舞台裏

です。そうすると、日本語とは別の英語の思考回路ができてきます。毎日2時間程度英語をやって、あとの22時間は日本語というのでは、回路はできません。大学の夏休みなどに英語圏の国に行って英語漬けになるのは1つの手です。「学生時代の長い休みにどうして外国へ行って、英語漬けをしなかったんだろう」と悔やんでいる人を何人も知っています。

15　おわりに——国際機関のすすめ

　いろんな国の人と一緒に仕事をすることは楽しいことです。私がIMFやADBにおいてチームを組んだ人たちだけでも、アメリカ人、中国人、シンガポール人、インド人、タンザニア人、トルコ人、イギリス人、チリ人などなど、さまざまな国の人がいました。バックグランド、専門、思考回路、みな違います。もちろん違うから大変なこともありましたが、違うからこそ、多様な人たちだからこそ、達成できたことも数多くありました。

　また、国際機関の職員という立場で日本を眺め、日本がおこなっているさまざまな政策や国際貢献に関与できたことは、学ぶところが多く、自分のキャリア形成にとって大変有意義でした。

　いま皆さんが国際問題や国際貢献に関心をもっておられるのなら、国際機関で働くことは有力な選択肢だと思います。きっとやりがいのある仕事と素晴らしい人たちとの出会いがあると思います。一人でも多くの皆さんが国際機関で活躍されることを願っています。

163

第6章
メディアと世界

ビル・クリントン大統領へのインタビュー（右が筆者）
（1993年7月4日撮影、ホワイトハウス提供）

小池洋次

　1950年、新宮市生まれ。1974年、横浜国立大学経済学部卒業、日本経済新聞社に入り、中央省庁と日本銀行等を担当後、シンガポール支局長、ワシントン支局長、国際部長、日経ヨーロッパ社長、論説副委員長などを経て、2009年から関西学院大学総合政策学部教授。ケンブリッジ大クレアホール終身会員、2000-06年総合研究開発機構（NIRA）理事。1998-2009年世界経済フォーラム・メディアリーダー、2004-10年日本公共政策学会理事。2009-10年日EU関係有識者委員会座長。
　著書は『ソーシャル・イノベーション』『グローバル　知の仕掛け人』（以上、関西学院大学出版会）『政策形成の日米比較』（中公新書）、『アジア太平洋新論』（日本経済新聞出版社）。BASIC公共政策学第台10巻『政策形成』（編著、ミネルヴァ書房）『リー・クアンユー　未来への提言』（監訳、日本経済新聞出版社）など。hrkoike1022@yahoo.co.jp

1 はじめに——記者になるまでの運と縁

記者への道

本章でも、筆者のパーソナル・ヒストリーを語りながら、グローバル人材に必要な要件や知識とは何かを考えていきたいと思います。章のタイトルは「メディアと世界」ですが、主に国際報道に携わった経験、それを通じて知った国内外のメディアの実情、メディアで国際問題と関わる仕事をしていたからこそできたさまざまな活動などについて説明していきましょう。

グローバル人材であるには、最低限、グローバルなスタンダードでコミュニケーションを取る必要があります。といいながら、振り返ってみると、高校時代は英語が好きではなく、真面目に勉強した記憶はありません。英語はあくまでも「受験のため」でした。それが、やがて英語で取材し、国際会議で議長を務めたり、さらに大学でグローバル人材の養成に関わったりするのですから、不思議なものです。英語や国際的な場での活動には本当に苦労し、失敗の連続でもありました。

その経験からいえるのは、日本にはグローバル人材が絶対に必要であり、若い人にはもっと早い段階からこの事実に気づき、準備を進めていってもらいたいということです。筆者の場合、いかにも気づくのが遅かったと反省しています。だからこそ、反面教師の意味も込めて、筆者の苦労話を聞いていただき、そして読者の皆さんが本当のグローバル人材になるうえでの参考にしていただきたいのです。

筆者が高校時代を過ごしたのは、世界的に学生運動や労働運動が盛り上がった1960年代後半でした。その影響もあったのでしょう、理系を志した高校生はマルクス主義に関心を持ち始め、文系に転じることになりました。大学入学後も、マルクス経済学に関する勉強に力を入れてきたつもりです。このとき以来、いまでもマルクスのいう「下部構造」、すなわち経済が社会の動きの基本にあるという意識を持ち続けています。

マルクス経済学者を志した時期もあったのですが、まずは現実の経済のメカニズムを肌で知るべきだと思い、マスコミ各社の試験を受け、運よく日本経済新聞社に入ることができました。もっとも、このときにジャーナリスト

としての明確な哲学や理念があったわけではありません。文章を書くのが得意という意識を持ったこともありませんでした。

　文章の執筆についていえば、新聞記者の世界は99％までが努力でどうにでもなると確信しています。特別な才能は必要なく、訓練を積めば記事を書けるようになるのです。なぜ、100％ではないかというと、ほんのわずかのところは、努力では埋められない才能の世界があると思うからです。新聞社の仕事を通じて、努力によって壁は乗り越えられると確信するようになりました。これはどんな仕事にも当てはまることでしょう。もちろん、努力を続けられること自体が才能であるということもできますが……。

　さて、運よく滑り込んだ新聞の世界ですが、長く勤めるつもりはありませんでした。3年ほどで、ある程度、社会での経験を積んだら、大学院を経て学者の道を歩もうと考えていました。それが、どうでしょう。新聞社の居心地がよほど良かったのか、3年のつもりがなんと35年も勤めることになりました。なにより、魅力的だったのは、名刺一枚で誰にでも会えることです。こんな恵まれた職業はほかにないでしょう。「お金をもらいながら勉強させてもらっている」という気分でした。

日経との運と縁

　日本経済新聞社には「運と縁」を感じることがあります。たとえば、入社前の1973年12月のある日のこと。東京・大手町の日経本社に記者職の内定者が集められ、時の編集局のナンバー2、小島章伸総務から訓辞を受けました。たまたま、この日の夜の便でパリに行く予定だった筆者は大きなリュックを担いで日経本社に行き、訓示の後羽田空港に向かったのです。いまでいう「卒業旅行」のようなもので、ニューヨークを経由してメキシコに入り3カ月過ごすつもりでした。

　一昼夜たち、オルリー空港に着き、機外に出たところ、どこかで見た日本人男性がいるではありませんか。よく見ると、前の日に訓示をしてくれた小島氏でした。何という偶然でしょうか。聞けば「経済協力開発機構（OECD）の会議に出席する」とのこと、長身の颯爽とした彼の姿はいまでも忘れることができません。

小島氏は日経グループの要職をこなされましたが、日本経済新聞時代に、外報部長（現国際部長）を5年あまり務められ、国際ジャーナリストとして活躍されました。筆者がその後、小島氏と同じように国際部長を5年務めたのはある意味で運命のような気がしてなりません。

　日経では、もう1人、国際部長を5年務めた人がいました。吉田寿孝氏で、日経を創設した明治の財界人益田孝氏のひ孫に当たる方です。同氏にも強いご縁を感じることがありました。筆者が国際部員だったころ、部長としていろいろ面倒をみていただいたのですが、いま振り返ると、同氏の後を追いかけてきたような気がします。振り出しが経済記者で、その後、国際報道記者に転じ、ワシントン支局長から国際部長、日経ヨーロッパ社長、その後、大学教員という道まで、まったく同じでした。

　駆け出し時代も幸運に恵まれていたと思います。配属先の経済部の部長はやがて社長になる鶴田卓彦氏で、部次長の1人が同氏の後に社長になる杉田亮毅氏だったのです。将来のトップに若いうちから顔を覚えてもらったことはその後の記者生活でもプラスであったと確信しています。

　将来の幹部や経営層に早い段階から面識を得るのは確かに有利なことかもしれません。ただ、そのような幸運はほかの人にもあるはずです。そうした出会いがよい方向に働いたとすれば、本人が努力し実績を上げたからでしょう。僭越ないい方かもしれませんが、筆者が努力していなければ、引っ張りあげられることもなかったと思います。運と縁は、努力しなければ掴み取ることはできないといえるのではないでしょうか。もう1つ大事なのは、自分は縁を引き寄せられるし、運がよい人間なのだと思うと、自信が出てきて普段以上の力を発揮することができるのではないかということです。筆者自身、そう考えてきたような気がします。

　こんな言葉があります。「小才は、縁があって縁に気づかず、中才は縁に気づいて縁を生かせず、大才はそで振り合う縁も生かす」。柳生家の家訓といわれていますが、言いえて妙ですね。要は、縁をしっかり意識しその意味を考えることではないでしょうか。そうしてこそ、運が回ってきて、物事がよい方向に回っていく——。いまそんなふうに考えています。

第6章　メディアと世界

忘れえぬ人々

　新聞社に入社すると普通はまず、地方支局勤務となりそこで経験を積んでから本社の社会部や経済部などに配属になりますが、筆者の場合はそうではなく、いきなり経済部勤務となり、大蔵省（現財務省）担当となりました。1974年のことで、首相は田中角栄氏、大蔵大臣（現財務大臣）は、のちに首相になる大平正芳氏でした。大学を卒業してすぐに大蔵省詰めとなるのは珍しく、他社の記者からは「キャンパス上がり」などと冷やかされました。記者としての振り出しが官僚世界の中心であったことはラッキーだったのかもしれません。なにより、権力の中枢を取材できたこと、そして自社や他社のベテラン記者を観察できたことはかけがえのない経験でした。

　記者として刺激を受けた人物を聞かれたとき、いつも3人をあげることにしています。そのうちの2人には入社後10年以内に会いました。1人は中川一郎農林大臣（当時）、もう1人は稲盛和夫京セラ社長（同）です。このお2人にもご縁を感じざるを得ません。中川氏にお目にかかったのは、農林省（現農林水産省）詰めになったときですが、偶然にも、筆者の住むマンションはご自宅のすぐ近くにありました。当時、将来の首相候補と目されていたので、政治記者を中心に多くの記者が毎晩、自宅に集まります。いわゆる「夜討ち」「夜回り」とよぶ取材活動です。こちらは経済記者ですが、担当の省のトップの家の前を通ると、新聞社の旗の付いたハイヤーが何台も止まっているので、立ち寄らないわけにはいきません。結果として、ほぼ毎晩、通いつめることになりました。朝、出勤の際、ハイヤーに乗せてもらい、話を聞いたこともあります。いまでも覚えているのは、ある晩、車座になり、大臣の話を聞いたときのことです。中川氏はこう言い放ちました。「君たちは私のことを右翼とかタカ派というが、それならどう国を守るのか、一人ひとり言ってみたまえ」。以来、農林省詰め記者ながら、安全保障の本をいろいろ読むことになりました。いま振り返って思うのですが、中川氏は若い記者を鍛えてやろうという意識だったのでしょう。そんな「夜間スクール」で勉強したことがその後、いろいろ役に立ちました。

　稲盛氏にお目にかかったのは、日経グループが出している日経ビジネス誌の編集部に出向しているときでした。すでに、ベンチャー企業を興し、グ

ローバル企業の道を突き進む経営者として注目される存在です。毎回、毎回のインタビューが真剣勝負であるというような気迫を感じました。いまでも取材のメモは京大型カードの形で残していますが、いま読み返しても、インタビューの中身の濃さに驚かされます。同氏は、心や精神の問題にも関心を持っていて、「強く思えば思うほど物事は成就する」というような話をよくされていました。

　社会的に影響力のある人物の面識を得るだけではなく、彼らをじっくり観察できるのですから、記者冥利に尽きるというべきでしょう。ただ、記者の宿命というべきか、習い性というべきか、ひとつの仕事が終わると、すぐに別の仕事に取り掛かることが多く、前の仕事のことを忘れようとする結果、それぞれの取材が一過性で終わってしまう可能性があります。当時、大学の先生方に指摘されたのは、記者はよい情報をもっていても体系化できていないという問題です。フローをストックにできていないと言い換えることもできるでしょう。どのような仕事もそうですが、やはり記録を残し、それをしっかり分析し、後でも役に立つ形に整理しておくことが大事です。反省を込めて、若い人への参考に供したいと思います。

2　国際報道の事始め──シンガポールの思い出

国際情勢への関心

　駆け出しのころ、自分が国際報道に携わることになるなど夢にも思いませんでした。あくまでも経済・産業担当の記者として経験を積んでいくのだろうと漠然と考えていたのです。ただ、日本自体が高度成長を経て世界第二の経済大国になれば、当然ながら世界各国との関係が重要になります。国内の取材をしていても世界とのかかわりが重要なテーマになってくるのも当然といえるでしょう。日本銀行詰めの際は、為替相場を担当したことがありますが、当時のマイケル・ブルメンソール米財務長官（日本でいえば財務大臣）が発言をすると円・ドル相場が大きく動き、その都度、取材に走り回されたものです。そのブルメンソール氏と20年後に米国の外交問題評議会のスタディー・グループでご一緒することになるとは、もちろん、想像もできない

第6章　メディアと世界

ことでした。農林省担当のときには、日米農産物交渉がありました。日本は
牛肉やオレンジの市場を開放せよという米国の要求を受けての交渉で、農政
担当とはいえ、国際情勢を知らないと仕事にならないと痛感したものです。

　経済面でも政治面でも戦後の国際的な枠組みが大きく変わったことも、国
際情勢に関心を持つことになった背景といえるでしょう。経済面ではいわゆ
るブレトンウッズ体制[1]が崩れ、為替相場は固定時代から変動時代へと移
り、円高が急速に進みました。政治面では冷戦構造が変質し始めたのも同じ
ようなころです。象徴的なのは、1985年の出来事です。経済面ではいわゆ
るプラザ合意[2]で主要国の為替レートに再調整がおこなわれ、政治面におい
てはソ連で改革派のミハイル・ゴルバチョフ氏が共産党の書記長となって、
その後の政治民主化を推進しました。

　記者としても国際情勢そのものを追いかけ、分析し、論じてみたいと思う
ようになったのはこのころです。新聞社に入社して10年ほどが経っていま
した。

アジア駐在の幸運

　シンガポールに着任したのは1985年のことでした。前年に赴任が内定し
たのですが、これには偶然的要素もありました。経済記者でしたので、仮に
海外に出るとしてもニューヨークかロンドンであろうと考えていましたが、
当時の社長が若い記者を海外に出せと指示を出したというのです。私もその
一人となり、シンガポール駐在が決まったのですが、それからが大変です。
任地は英語圏ですから、まずは英語が使えるようにならなければなりませ
ん。ところがまったく自信がないのです。同じような先輩2人と相談した結
果、サイマル・インターナショナルの日本人講師から週1回、特訓を受ける
ことになりました。内容は時事英語の丸暗記、英語放送の聞き取り、雑誌

---

1)　　1944年に欧米を中心とした連合国が米国のブレトンウッズで合意し、発足した国際
　　通貨体制。1971年のニクソン・ショックで金・ドル交換が停止されたことで終焉を迎
　　えました。
2)　　先進5カ国蔵相・中央総裁会議が1985年、ニューヨークのプラザホテルで合意した
　　ドル高是正策を指します。

171

TIME の音読です。ところが、どれも上手くいきません。汗だくの特訓でした。

　2人の先輩はそれぞれロンドンとワシントンに赴任の予定でした。筆者がラッキーだったのは、講師の方が当時、シンガポールのストレーツタイムズ紙の東京支局にも勤務していたことです。この国の事情や記者活動などについても聞いたことがその後大いに役立つことになりました。

　とはいえ、たかだか半年程度、しかも週1回の訓練では、そうそう英語を使えるようになるものでもありません。赴任後はいろいろ苦労をすることになります。まずは支局スタッフの英語が聞き取れない。英語の世界になんとか慣れたと感じるまでには1年がかかりました。不思議なもので、毎日、毎日意識して使っていると、1年もすると「自分は英語を話せている」という感覚を持てるようになりました。そうなれば、しめたものです。

　苦手意識があったものですから、自分に課したことがありました。それは、記者会見では必ず、1つ質問をすることです。各国から記者が参加するなかで、質問するのは結構、勇気が要ります。このときの経験をもとに、いまでも会議などで実践しているのが、最初の質問をすることです。これなら、脈絡を意識する必要もありません。最初ですから何でも自由に聞けるというわけです。あるとき、一日一膳ならぬ、一会見一質問を敢行してみました。ところが何度、質問しても相手はわかってくれないのです。しまいに、隣にいた記者にスーツの袖を引っ張られ、着席する羽目になっていましました。恥ずかしいやら悔しいやら……。どうして理解してもらえなかったのでしょうか。あとで、同行した現地スタッフに聞くと、大事な単語を飛ばしていたとのこと。それでは理解されないのも当然です。

　ついでに、もう1つ失敗談を紹介しましょう。シンガポールから帰国し、間もないころのことです。オーストラリアの首都キャンベラで、アジア太平洋地域におけるソ連（ロシアの前身）の役割に関するシンポジウムがあり、それに出席するようにとの指示が上司からありました。筆者は単に話を聞きに行くだけと思ったものですから、安請け合いしたのですが、到着してみると、楕円形のテーブルには20人分ほどの席があり、それぞれ机には名札が置かれているのです。よく見ると筆者の名札もあるではないですか。シンポ

第6章　メディアと世界

ジウムというより、会議に近いものだったのです。日本からの参加者はほか
に3名いて、英語が上手な方ばかりでした。シンポジウムは3日間続きまし
たが、聞いていても中身がよくわかりません。黙って聞いているだけで2日
が過ぎました。その夜、宿舎に戻って自問しました。「会社から高いお金を
出してもらい出張して、一言も発せずに帰るのか」と。否、そういうわけに
はいきません。その夜、小さなカードに発言すべき内容を英語で書き、それ
を会議で読み上げようと決心しました。

　3日目の会合で、「最初の質問」のルールに従って、議長に発言を求めま
した。そこまではよかったのですが、いざ発言を始めると、メモの字が薄く
てよく読めません。おそらく暗がりで書いたせいでしょう。なお悪いこと
に、カードの順番がわからなくなってしまいました。顔面が赤くほてってく
るのだけはよくわかりました。結局、1、2枚のメモを読み上げただけで、
着席することになってしまいました。自己嫌悪に陥ったことは言うまでもあ
りません。

　いまにして思うと、シンガポールの記者会見もキャンベラの国際セミナー
もよい経験でした。以来、教訓を生かし、準備に相当の時間をかけるように
もなりました。会議では最初の発言ないし質問をする、そのためには必要以
上の準備をし、いろいろなシナリオに備えて練習をしておく——これらが大
事なのです。伊藤忠商事の元会長瀬島龍三氏の言葉といわれていますが、成
功するための要諦は「用意周到、準備万端、先手必勝」です。これは何事に
も通じるでしょう。

　これらの失敗は20代、できれば10代で経験しておきたかったとつくづく
思います。若い方には、早いうちにどんどん挑戦して、どんどん失敗しても
らいたいものです。

173

Column　新聞は"私設秘書"

　最近、大学生に「新聞を定期購読していますか」と聞くと、だいだい「ノー」という答えが返ってきます。読んでいる場合でも、ネットでニュースをチェックする程度で、そのチェックもたまにという人が多いようです。

　就職活動を前にした学生でも大きな変化はありません。ただ、こう聞かれたら、どうするでしょうか。「面接担当者は毎日新聞を読んでいて、その知識をもとに質問してくるのです。それでも、新聞を読まずに面接を受けようと思いますか」と。

　新聞を読むかどうかはひとまずおくとして、社会人になれば当然ながら、世の中の出来事を正確に知り、その意味を考え、そして説明できるくらいになることが求められます。自分の仕事に影響を与えそうな国内外の動きを理解していなければ、ライバルの後塵を拝することになりかねません。

　もちろん、ネットでそれらすべてをこなせればよいのですが、本気でやろうとしたら、相当な数の情報を入手して比較分析し、どれが正しいかを見極め、解説やコメントの類を筆者がどういう人物かも含めて調べ、そのうえで自分の意見を作るという膨大な作業が必要になります。1つの出来事についてこれだけのことをやるとすると、おそらく何時間もかかることでしょう。

　ここで新聞の登場です。朝刊は前日の出来事を重要な順に整理し、時に解説等を掲載し、読者がどう判断すればよいかアドバイスしてくれるのです。1人でならおそらく何十時間もかかる作業を毎日やってくれて、1日150円程度。ずいぶん安いと思いませんか。新聞はナビゲーターともいえるし、パーソナル・セクレタリー（私設秘書）ともいえるのです。日給150円で秘書を雇えるなんて素敵な話でしょう？　筆者は毎日、3紙を読み、切り抜き、A4の台紙に貼り、日付スタンプを押して、棚に分類しています。あなたも、そこまでやれば、もうジャーナリストです。

リー・クアンユー

　またまた、ご縁の話ですが、シンガポールには特別な思いがあります。新婚旅行で訪れたのが1976年。それから10年ほどで、住むことになるとは予想もしませんでした。調べてみると、母方の祖父がかつてオーストラリアに出稼ぎに行く途中、シンガポールに滞在したことがわかりました。これも縁といえば縁です。

　幸運に恵まれたというべきでしょうか、この地で、35年に及ぶ記者生活の中で一番刺激を受けた人物に会うことになります。当時、首相だったリー・クアンユー氏です。30代で英領自治国の首相となり、独立後、主権国家シンガポールの首相としてこの国を率いました。指導者として31年間、一国の最高指導者として対面した米国大統領はアイゼンハワーからニクソン、さらにブッシュ・シニアに至ります。リー氏にはシンガポールと東京で5回以上インタビューすることができました。シンガポールではいつも決まった時間で同じ場所です。午後3時、イスタナとよばれる官邸でした。ゴルフコースもあるという広大な敷地に小さなビルが建っていて、2階に執務室がありました。それが会見場所です。訪問客は皆同じなのでしょう、孔子像をはさんで斜めに座り話を聞くことになります。几帳面な方なのでしょう。午前中は考えごとや執筆にあて、軽い食事を取って休養し、午後3時に客を迎えるとのことでした。

　最初のインタビューではひどく緊張したものです。うわさでは、英語ができない記者を相手にしないとのことで、日本で記者会見を開いた際、日本人記者の英語が下手なせいで、途中で席を立ったともいわれていました。筆者はまだ英語に苦手意識をもっていましたが、それでもリー氏が会ってくれたのは、日本が経済大国としてアジアでは巨大な存在であり、インタビューに来たのが経済新聞の記者だったからでしょう。この新聞を通じ、日本へのメッセージを送りたかったのだと思います。

　リー氏は建国の父といわれています。実際に独立を果たし、一発展途上国を、1人当たり国内総生産（GDP）で日本を抜く存在にまで発展させました。企業でいえば、ベンチャーが世界的な優良企業になるようなものです。そのリーダーが語る言葉にはほかの政治家からは感じ取れないような重みが

ありました。同氏が「危機」というとき、それは文字通り、国の存亡の危機であり、自身の生命の危険を意味していたのです。リー氏とは、現代アジアの歴史そのものであり、国家運営を任された指導者の持つべき要素を教えてくれる存在でした。

リー氏については亡くなる前に自身が語った内容を収めた本があります。"*Hard Truths to Keep Singapore Going*"（Lee Kuan Yew, 2011）で、筆者は幸運なことに翻訳をする機会に恵まれました。日本語版のタイトルは『リー・クアンユー 未来への提言』（日本経済新聞出版社）です。筆

『リー・クアンユー 未来への提言』（日本経済新聞出版社）

者は監訳を任されましたが、随所に解説を入れたこともあり、自著のように思い出深い本となりました。国づくりに掛ける思い、そして危機感は、多くの政治家に知ってもらいたいものです。

よもやの事態は起こり得る

シンガポール駐在記者時代は、アジアを駆け巡りました。とくに印象深かったのがフィリピンです。月に1度、多いときは2度のペースで取材に行きました。頻繁に訪れたのは1986年の大統領選挙の前後でした。このときの取材を通じて痛感したのは、予想外の事態は起こり得るということです。少し説明が必要でしょう。

当時、フィリピンはマルコス大統領による長期独裁政権の下にありました。のちに大統領になるコラソン・アキノ女史は、マルコスの政敵だったベニグノ・アキノ氏の未亡人で政界入りがささやかれてはいましたが、本人は否定していて、記者も専門家も大統領選への出馬はないと思っていました。ところがどうでしょう、出馬を決めたのです。それでも、多くの専門家は彼女が当選するとは思っていませんでした。マルコスの権力とお金の力に国民はなびくであろうと高をくくっていたのです。ここでも専門家の予想は履されました。マルコスは敗北し、結局、国外逃亡する羽目に陥ったのです。さらに専門家の予想が外れたのは、彼女が5年の任期を大統領として全うした

ことです。

　専門家の予想が何度も外れるということをどう理解したらよいのでしょうか。取材をしてみて思ったのは、多くの専門家は過去の延長線上で未来を予測する結果、質的な変化を見逃してしまうということです。この点は素人の判断のほうが優れているのかもしれません。選挙の際、多くの若者が路上で、そして居酒屋で、アキノ支持を意味するＬ（政党ラバンの頭文字）を掲げていたとき、その勢いを知れば、社会の広範な層で大きな変化が起きていることに気がついたのではないでしょうか。

1989年のドラマ

　よもやの事態は起こり得る——それは国際情勢全般にもいえるような気がします。例をあげれば、1980年代から90年代にかけての欧州情勢です。とくに1989年は画期的な年でした。

　この年の後半に東欧で民主化運動が活発になり、やがてビロード革命[3]などの社会変革が続きます。象徴的な出来事はベルリンの壁の崩壊でした。冷戦[4]の最中、東西両陣営に分割された形のベルリンには南北を走る壁が築かれていました。これがベルリンの壁です。東側、つまり共産主義の側からこの壁を乗り越え西側の自由主義陣営に亡命しようとした多くの若者が命を落としました。その壁が89年秋に崩れ落ちたのです。

　多くの専門家にとって予想外のことでした。いまでもはっきり覚えているのは、壁が崩れる少し前、ほかならぬ西ドイツの著名なジャーナリストが「ベルリンの壁が崩れるとしても20世紀中はないだろう。東西ドイツの統一は21世紀の中ごろの問題」と語ったことです。それがどうでしょう、ベルリンの壁は直後に崩壊、翌年、ドイツが統一されました。これも過去の延長線上で未来を予測することの誤りといえます。重要なのは、情報技術の進歩

---

3)　1989年12月にチェコスロバキアで起きた民主化革命。流血をともなうことなく、なめらかに進んだことからこの名があります。
4)　第二次世界大戦後、米国を盟主とする自由主義陣営と、ソ連（ロシアの前身）が率いる社会主義陣営が対峙した国際的緊張状態。1989年12月に米ソ両国首脳が会談し、その「終結」を宣言しましたが、その後、米国とロシアの緊張は再び、高まりました。

177

に伴って東側の人々が西側世界に関する多くの情報を得るようになっていたことです。共産主義体制が情報を統制しようとしても限界があったのです。

　同じことはソ連の崩壊についてもいえるでしょう。前に述べたようにソ連は民主化を進めていましたが、これだけ早いテンポで社会が変わるなど誰が想像したことでしょう。1990 年、ソ連共産党の一党支配が終わり、しばらくして共産党自体が解体され、1991 年にはソ連という国家が崩壊しました。これを予測した専門家はほとんどいません。筆者の知る限り、ただ一人、ソ連がいまの体制を続けている限り、やがて崩壊すると予言した人がいました。カーター米政権で国家安全保障担当補佐官を務めたズブグニュー・ブレジンスキー氏です。『大いなる失敗』（原題 *The Grand Failure*）という本で、そう書いているのですが、その彼ですら、これほど早くソ連が崩壊するとは予想していませんでした。

　国際情勢でも構造変化というか、質的に大きな変化が起きているときには、過去の経験則は通用しないということです。言葉を換えれば、プロの予測が当たらないときは、大きな変化が起きていると考えたほうがよいということです。これは国家や企業についてもいえることかもしれません。

　このころ、筆者は世界中を取材して歩く幸運に恵まれました。当時の編集局長の鮫島敬治氏は筆者にこう告げました。「君は日本にいてはいけない。もし 2 カ月続けて日本にいたら、犯罪行為とみなす」。なんとうれしい言葉だったことか。海外取材をすれば金がかかるし、同僚の冷ややかな目も気になります。それを編集のトップが海外取材をできるだけするようにとの命令を出してくれたのですから、鬼に金棒です。毎月、海外に出かけ、出張先で次の出張のためのアポイントメントを取るという多忙さでしたが、本人は大いに満足していました。

　ソ連には何度も足を運びました。マルクス経済学徒としてはこの国を見定めたいという思いもあったのです。ソ連と共産主義の象徴ともいえる「赤の広場」を初めて訪れたときの感動はいまも忘れられません。1990 年ころモスクワで、一度は禁止になった映画が上映され、それを見て驚いたことがあります。明確な共産党批判だったからです。草ぼうぼうの土地に放置された機関車が大写しになり、ナレーターが「これが我々の社会だ」というシーン

は衝撃的ですらありました。さらに極東でシベリア鉄道に乗っているとき、子どもたちが時の権力者を揶揄するざれ歌をおおっぴらに口にしているのを聞いて、これまた、大変驚きました。それまでのソ連では、人々への管理、統制が厳しく、権力者への公然たる批判は許されませんでした。草の根では大きな変化が起きていたのです。これを知らなければ、国家の変容と崩壊は予測できないということでしょう。

2 ついに超大国の首都に──ワシントン支局長時代

パワーが凝縮した街

筆者がシンガポールを拠点に記者活動を始めた1985年から10年ほどはまさに国際関係の激動の時代でした。冷戦構造はがらがらと崩れ、新しい国際秩序が模索されることになります。新聞でもテレビでもマスコミをにぎわすのは国際ニュースでした。こうした国際報道の一翼を担えたのは幸運なことというべきなのです。これこそ、自分が生涯続けるべき仕事であろうという確信のようなものもありました。

シンガポールから帰国したころには次の目標も固まっていました。国際報道に携わる記者の1つのゴールでもあるワシントン支局長です。西側の盟主として世界に影響力を行使する米国は冷戦終結とソ連崩壊後、「唯一の超大国」として世界に君臨することになります。その首都は世界の中心であり、世界中から優秀な記者が集まってきます。そこで記者として勝負してみたいと考えるのは自然なのかもしれません。

ただ、ワシントン支局長はだいたい4年は駐在しますので、能力があればなれるというものではありません。やはり運が必要なのです。筆者は帰国後の4年間、東京をベースに編集委員や論説委員としてまた、いわゆるデスク（部次長）として国際報道にかかわり、1993年、ワシントンに支局長の辞令を受け、無事に赴任しました。自分の役回りについて「プレーイング・マネージャー」を意識し始めたのもこのころです。管理者だけでなく、引き続き記者も務める、つまり両方を兼務する存在ということです。ワシントン支局長はそうしたプレーイング・マネージャーであり、米国の首都において日経を

179

代表する役割も担わなければならず、多面的な能力が求められます。いまもそうですが、ジャーナリストはともかく観察し、その結果を書き続けなければならないという思いもありました。

　このころから署名入りのコラムを書くようになりましたが、これは結構、スリルのある仕事です。それなりのレベルの記事を書き続けなければならないからです。野球では4打数2安打なら上出来とされるかもしれません。1回くらいは三振しても、監督もファンも2本ヒットを放っているのだからよいだろうと考えてくれることでしょう。ところが、コラムの世界は1本でも出来が悪いと、その評価が定着してしまい、やがて退場になりかねないのです。オーバーな表現かもしれませんが、ある程度、当たっていると思います。それだけに、一本一本のコラムには神経を使います。自分しか書けない、独自性のある原稿を書こう、それができないならこのポストを辞退しようと考えたこともありました。

　さて、ワシントンです。着任当初は、毎日が驚きの連続でした。たとえば、ホワイトハウスの定例ブリーフィング（記者説明）では、説明が終わるか終わらないかという段階で、一斉に記者の手があがるのです。これは日本の記者会見ではほとんど見ない光景です。質問には遠慮が感じられません。聞きたいことを何でも聞くという雰囲気なのです。権力のチェックこそがマスコミの重要な機能であるという認識が背景にあるのでしょう。記者の積極性と攻撃性はそうした使命感から出ているのだと思います。もちろん、国民の支持が背景にあることも忘れてはなりません。

　多くのシンクタンク（政策研究・提言機関）が活発に活動しているのもワシントンの特徴といえるでしょう。日々、さまざまなシンポジウムやセミナーが開催され、政策評価や代替案の提示に精を出しています。政策に携わる人々はもちろん、新たなアイデアを提示する人たち、さらに各国の官民からこの街にやってきて影響力を行使しようとする人々……。超大国の首都はそうした人々のエネルギーに満ち溢れています。

ホワイトハウス
（2014年8月28日小池真理子氏撮影）

第6章　メディアと世界

　ワシントンで取材しているうちに、米国の政策形成過程は実にユニークで
ダイナミックであることに気がつきました。大統領が変わるとホワイトハウ
スや各省庁の高官が一斉に替わるのですから、政策も大胆に変更しやすいと
いうことができます。新任の高官は日本と違って、民間や学界などからも選
ばれる点も特徴で、この人材登用の方法は政治任用制度とよばれています。
このしくみについては帰国後、『政策形成の日米比較』という本で紹介し、
現在でも筆者の研究テーマになっています。

大統領インタビュー

　ワシントン支局長が必ず目指す目標があるといわれてきました。それは大
統領への単独インタビューです。これは世界中のメディアも同じでしょう。
もちろん、簡単な話ではありません。というか、ほとんど不可能といっても
よいからです。米国は超大国であり、世界中の問題に関与しなければなりま
せん。当然ながら、トップは超がいくつも付きそうな忙しさです。しかも政
権として国内の支持率を重視しますから、国内メディア優先になり、海外メ
ディアはどうしても後回しになります。あえて、メディアの優先順位をつけ
れば、遠いアジアの日本はいくら同盟国といっても、優先順位は高くありま
せん。日本のメディアが大統領にインタビューするチャンスがあるとすれ
ば、彼が日本を訪問する直前くらいです。

　筆者は幸運にも1993年7月4日に当時のビル・クリントン大統領にイン
タビューすることができました。いま振り返ると、多くの偶然的な要素が重
なって実現した奇跡のような話ですが、もちろん、さまざまなアプローチを
試みた結果でもあります。まずは、その経緯を説明し、目標達成のために何
が必要かを考える参考に供したいと思います。

　7月4日は独立記念日ですが、3日後に東京での先進国首脳会議(G7サミッ
ト)や日米首脳会談を控えていました。筆者がワシントンに着任したのは3
月末で、いろいろ聞いてみて愕然としたことを覚えています。ほかの新聞の
ワシントン支局長は米国報道のベテランばかり。こちらはワシントンどころ
か米国に駐在するのが初めてで、ハンディは歴然です。もっとも、大方の日
本メディア関係者は、大統領が単独会見を避け、グループでのインタビュー

181

に応じるだろうと読んでいました。米国に詳しい記者ほどそう考えたのではないかと想像します。ところが、筆者はいわば、素人ですから、「ひょっとしたら」という気がしてなりませんでした。ともかく出来る限りのことをやろうとホワイトハウスの担当者や関係者にアプローチを重ねました。ラッキーだったのは、当時のクリントン政権には日本の官僚に対する不信のようなものがあり、メディアを使って日本の国民に直接働きをかけたいという思いが強かったことです。ホワイトハウスの担当者がインタビューの可能性を伝えてきたのは、クリントン大統領が日本に向け出発する7月4日の4、5日前だったと記憶しています。

　ところが、出発の2日前に担当者が電話をしてきて、大統領の予定がさらに増え、インタビューに応じる時間がなくなったというのです。せっかく、いいところまでこぎつけたのに……。普通ならこの段階での巻き返しは不可能です。ただ、どうしてもあきらめられません。翌日、ホワイトハウスで担当者に会い、説得を試みました。しかし、「ノー」を繰り返すばかりです。ただ、万が一のことがあるかもしれないので、履歴書をファクスで送るようにいわれました。オフィスに戻って、すぐに履歴書を送りましたが、それでも無理だろうと、ほとんどあきらめていました。

　この後の展開は本当に奇跡というほかありません。その日の夕刻になって、担当者が電話をしてきて、「明日、エアーフォース・ワン（大統領専用機）に乗ってもらいたい」というのです。耳を疑いました。翌日、筆者は主のいない専用機に乗り込んでフィラデルフィアに向かい、独立記念演説を終え乗り込んできたクリントン大統領に機上でインタビューすることになるのです（本章の扉写真参照）。あとで考えたのですが、このとき民主党は12年ぶりにホワイトハウスを奪還したので、スタッフには若い人も多く、意思決定が混乱していたといわれています。そのような状況なので、一度、決まったことが容易に覆ったのでしょう。これも幸運でした。

　そのとき、こう思いました。何事も、最後の最後まであきらめてはいけない──と。自らホワイトハウスに出向き担当者に直談判していなければ、インタビューは実現しなかったでしょう。米国という国は、こちらが努力すれば、必ず報いてくれると確信したのもこのときでした。

第6章　メディアと世界

大統領会見の中身や印象については新聞ではもちろん、本や雑誌にも書いています。ここでは、クリントン大統領が若くエネルギッシュで、就任半年にもかかわらず、メモも資料も持たず、政府高官の助けも借りず、筆者の質問に実に的確に答えたことだけを記しておきます。

米国の開放性

ワシントンで記者として活動して、メディアの世界のオープンなところにも感心しました。これは社会の開放性を象徴してもいます。ホワイトハウスの記者章を持っている限り、国内記者であろうと、海外の記者であろうと扱いは同じなのです。もちろん、米国の有力メディアはいろいろなコネをもっているので有利なことは間違いありませんが、条件の点で記者は平等なのです。ホワイトハウスの定例会見では外国人記者であろうと、何でも聞くことができるのです。かつてウォルター・モンデール元副大統領が駐日米国大使に任命された際、筆者は地元での記者会見を覗いてみましたが、誰にもとがめられませんでした。日本だったら、ひともめしそうなところです。

ホワイトハウス記者会見室でオバマ大統領を待つ記者たち（2014年8月28日西野良太郎氏撮影）

筆者は教員として6人ほどの学生を連れて米国研修旅行を実施したことがあります。2014年の秋のことです。ワシントンでは運良く、ホワイトハウスの記者会見室に入ることができました。テレビでご覧になった読者もいることでしょう。実際には学校の教室のようなスペースしかありません。ここに世界中から記者が集まってくると思うと不思議な気がします。それはとも

大統領登場

会見始まる

183

かく、当日、ホワイトハウスの広報チームの１人がこうささやいたのです。「皆さんは大変ラッキーですよ。休暇中のオバマ大統領がこれから記者会見するのですから」と。記者室に入ると、すでに多くの記者が集まっていて、テレビのキャスターがマイクを片手に予行演習をしていました。やがてオバマ大統領が現れたのですが、我々に気がついても、別に気に留める風ではありません。記者たちもまったく気にせずに、なかには「よい経験ができたね」と言ってくれる人もいました。

　日本だったらどうだったでしょうか。まず、他国の大学生を記者室に入れ、首相会見に同席させるというようなことはまずありえないでしょう。記者が何か文句をいう前に、政府の担当者が規制するはずです。このときほど、日米の違いと、米国の開放性を強く印象付けられたことはありません。政府にとってきわめて重要な場に外国の大学生を同席させるというのは、米国の懐の深さだと思います。大学生たちは米国に好印象をもち、この国のファンになることは間違いありません。こういうことを積み重ねて、米国は味方を増やすことができたのです。これこそ「ソフトパワー」というべきでしょう。余談ですが、学生たちは写真を撮り、LINE で流したのですが、誰も信じてくれなかったそうです。

3　ネットワークの広がり

世界経済フォーラム[5] のメディア・リーダー

　ワシントンから帰国して以降も国際報道の仕事は続きます。まずは国際問題担当の編集委員や論説委員となり、その後、国際部長、日経ヨーロッパ（在ロンドン）社長、帰国して論説副委員長になりました。むしろ、このころは国際ジャーナリストとしての意識が強くなったといえるかもしれません。同時に、国内外でのネットワークがさらに広がることになります。ここでは、いくつかの例を紹介したいと思います。

---

[5]　1971 年に現理事長のクラウス・シュワブ氏が設立した欧州マネジメント・フォーラムが前身。毎年 1 月下旬、原則としてスイスのダボスで年次総会を開催し、その年の世界の課題を議論しています。

まず世界経済フォーラム（本部ジュネーブ）です。日本では、年次総会が開かれる地名を取って「ダボス会議」としてのほうが知られているかもしれません。2014年に安倍首相が基調講演したことを覚えている人もいるでしょう。世界の大企業が会員で、年次総会には参加できるのは会長や社長のみです。

このフォーラムは民間の立場で世界の状態をよりよくすることを大きな目的にしていて、年次総会はその多くの活動のひとつに過ぎません。基本は世界の問題を解決するためのアジェンダ（課題）を設定し、議論の場を提供し、問題解決策を含めた情報を世界に発信することです。各業種別の会合や地域別の会合を開催するほか、さまざまなテーマで報告書を作成し発表しています。日本の学者の中には、「世界経済フォーラムのサイトは情報の宝庫」という人もいるほどです。

年次総会の開催場所は、2001年の同時多発テロを受けた翌年にニューヨークで開いたのを除けば、毎回、スイスのスキーリゾート、ダボスです。日本から行く場合、チューリッヒから陸路2時間ほど掛けなければならず、不便な場所に位置します。それでも世界中の経営者や政治家、官僚、専門家らが参加したいと思うのは、ここでの議論から学ぶことが多いこと、そして公式、非公式に世界の有力者と接触することができるからです。もちろん、世界のリーダーたちを通じて自分や自国、そして組織や企業を売り込みたいという意識もあるでしょう。

年次総会の参加者は2,000人から3,000人といわれています。決して広いとはいえない会場で、資料を担いだ老若男女の各界リーダーが早朝から深夜まで行き交うという光景はそうそう見られるものではありません。

筆者が年次総会に参加し始めたのは、1998年からです。

世界経済フォーラムが年次総会を開くスイス・ダボス（フォーラムのサイト World Economic Forum Annual Meeting 2017 から）

まず驚いたのは世界中から各界の指導者が多数参加していたことです。ある会合で、隣の男性参加者の名札に「プレジデント」とあったので、てっきり会社の社長だと思ったら、実際にはパナマの大統領だったということもありました。ビル・ゲイツ氏らの著名人にも、廊下ですれ違ったり、夕食会で一緒になったりという具合です。

1998年の総会は、前年のアジア通貨危機の後とあって、途上国の政治指導者も多数参加していました。中国からは李嵐清・副首相が参加し、アジア経済への貢献を強調し喝采を浴びましたが、日本からは首相、閣僚の参加はゼロ、政府の政策を説明できるのは榊原英資・財務官だけという状況でした。国の政策を発信する絶好のチャンスをみすみす逃しているという思いがしたものです。その後、首相や閣僚も参加するようになりましたが、日本のプレゼンスが高いかというと、そうはいえないでしょう。経済界のリーダーの存在感も低下しているように思えるのは、まことに残念なことです。国際社会では「沈黙は金」ではもちろんありませんし、不言実行は通りません。世界第2位の経済大国のときには、黙っていても日本をそれなりに尊重してくれたでしょうが、3位となり、将来さらに順位を下げるとなると、もっと積極的に自己主張することが求められます。

筆者は10年ほど、世界経済フォーラムのメディア・リーダーとして活動し、国内外のネットワークを広げることができましたが、この組織を十分に活用できたかというと、正直なところ自信をもってイエスとはいえません。もっと積極的に関わるべきだったのではないかと、考えています。

国際会議は日本を説明し、理解してもらう絶好のチャンスです。とくに世界経済フォーラムには全世界の官民の有力者が集うので、この会議の重要性は明らかです。まず、そうした組織の存在に気づかなければなりません。そのうえで、組織を研究し、どうしたら有効に活用できるか、そして各自がどう情報発信するかを考えるべきでしょう。1つ参考になりそうな例をあげれば、谷口智彦氏の参加の仕方です。当時は日経ビジネスという雑誌の編集委員でしたが、世界経済フォーラムの全体会合では最前列の中央に陣取り、最初の質問をするよう心がけているようでした。この場所なら司会者は必ず当ててくれるだろうと読んでいたのでしょう。発言するときはしっかりと自分

第6章　メディアと世界

と所属組織を売り込んでいました。この種の工夫を多くの日本人がそれぞれ
の場で試みれば、日本の存在感も高まるに違いありません。谷口氏はその
後、外務省副報道官、内閣府審議官を経て慶応大学教授になりました。

　ネットワークはさらに広がることになります。大学に移ってからのことで
すが、世界経済フォーラムが30歳未満の若き変革者たちを世界中で募り、
グローバル・シェイパーズ・コミュニティ（GSC）を形成しつつありました。
筆者には、関西でも立ち上げてもらいたいとの要請があり、それが縁で、関
西の社会企業家やNPO関係者とつながることになったのです。

Column　ソーシャル・イノベーション

　この言葉を聞いたことがありますか。イノベーションなら「技術革新」
と訳され、よく使われています。その社会版──。社会のしくみを変え
ることで広範な革新を起こす活動と考えればよいでしょう。いま世界的
に注目されている動きです。これを起こす人がソーシャル・イノベー
ターで、チェンジ・メーカーとよぶこともあります。

　本文中で紹介した世界経済フォーラムのグローバル・シェイパーたち
が好例です。直訳すれば、地球規模で社会をよい方向に変えてゆく人々
ということになるでしょうか。地域の活動であっても、世界のほかの地
域でも参考になる動きなら、そうよぶことができると思います。

　関西全体を対象にした大阪ハブには15人ほどのシェイパーたちが活
動しています。何人か紹介すれば、まず、大学生のときにホームレス支
援のNPO、Homedoor（ホームドア）を立ち上げ、彼らを使ってシェ
ア・サイクル（自転車の賃貸）事業を展開する川口加奈さん。マスコミ
にもよく取り上げられるので、ご存知の方が多いかもしれません。

　がん患者専門の美容院を経営する三田果菜さんは、闘病中の人々、そ
してがんを克服し社会復帰を目指す人たちにかつらを提供したり、美容
師のトレーニングをしたり、多忙な毎日を送っています。中米のグアテ

187

マラを拠点にスペイン語のオンライン学校を経営する有村拓朗さん（関西学院大学総合政策学部出身）は南米を旅行中に同国を訪れ、スペイン語の教師たちの収入が安定していないことに心を痛め、オンラインで日本などにレッスンを提供するしくみを考え出しました。

みな、社会の問題を解決したい、少しでも人々の役に立ちたいという熱い思いの持ち主です。グローバル・シェイパーは全世界で6,900人ほど（2017年11月現在）。全員がネットでつながり、日々、情報交換しています。シェイパーたちには選出されたときに30歳未満という決まりがあります。若い変革者たちのネットワークが地球規模で広がっているというのは素晴らしいことだと思いませんか。20歳未満の若者に着目し、その活動を支えようという動きもあります。「アショカ」という米国の組織で、やはり世界中にこうした事業を進めています。選ばれた若者たちはユース・ベンチャーと呼ばれています。

総合研究開発機構の理事

　世界経済フォーラムに参加するようになってしばらくして、日本の官民が創設したシンクタンク、総合研究開発機構（NIRA）[6]から理事への就任要請がありました。後で聞いたことですが、ワシントンでの取材経験を元に出版した『政策形成の日米比較』が目に留まり、要請に及んだそうです。

　NIRAといえば、世界的にも知られた研究機関で、かねてその活動ぶりを聞いていましたが、よもや自分がその理事になるなど考えたこともありませんでした。前任は小島明氏（日本経済新聞の論説主幹、専務を歴任）、その前任は緒方貞子氏（元国連難民高等弁務官）です。米国駐在時代に米国型シ

---

6)　自民党の小泉政権下で進んだ構造改革の一環として2007年に民営化され、現在は公益財団法人。

ンクタンクの活発な活動に感銘を受けていたこともあって、日本の官民が総力をあげて設立したシンクタンクに関われるのは願ってもないことでした。結局、NIRAの理事を２期、６年務めましたが、残念なことに、日本は平成不況の真っただ中で、NIRAも御多分にもれず、リストラを求められることになります。最終的には組織は縮小し、財団法人となるわけですが、その過程は日本のシンクタンクの動向を象徴していると思えるので、もう少し説明しておきましょう。

シンクタンク（Think Tank）とは、もともと米国で使われた軍事用語で、「機密保持室」という意味をもっていたそうです。それが第二次大戦後、米国で研究組織の意味に使われるようになりました。独立・非営利で、政策の代替案を提示するのが米国型シンクタンクの特色といわれています。日本でも同様のシンクタンクを作ろうという動きが1970年代から80年代にかけて強まり、その象徴的な存在がNIRAだったのです。政策の代替案を提言できるようなシンクタンクを作ろうと、NIRA以外にも官民でさまざまな研究組織が誕生しました。そこに送るべき人材を育てる意味もあって、大学では「政策」を冠した学部や大学院が次々に誕生しました。

ところが、意気込みとは裏腹に、長引く不況はその勢いを削いでいきます。国も地方自治体も財政赤字を抱え、民間企業も業績悪化に直面すれば、研究機関にはリストラのメスが入ります。官民ともに「シンクタンク冬の時代」といわれるようになりました。

もちろん、地方自治体の中では、市町村などの基礎自治体、そして民間ではNPO形態のシンクタンクには元気なところが多いといわれます。とはいえ、規模が小さいことはいかんともしがたく、米国とは比較にもなりません。

不況下でも米国ではシンクタンクがしっかり活動し、日本ではリストラの対象となる。この差をじっくり考えるべきではないでしょうか。単に歴史の違いで片付けるべきではありません。ここでは、米国の場合、シンクタンクが国民各層に支えられるほど定着していること、そして官民の人材移動が頻繁で、シンクタンクが政府高官の受け皿になっていることを指摘しておきましょう。

海外シンクタンクとのつながり

海外、とくに米国のシンクタンクについても、もう少し詳しく紹介したほうがよさそうです。ワシントン時代から、シンクタンクの存在感の大きさに驚き、その役割についていろいろ考えることになりました。

あるとき、ヘリテージ財団という保守系シンクタンクが日米関係についてのランチョン・ミーチングを催したときのこと。わずか30人ほどの会合でしたが、非常に驚いたのは、現職のビー・ライター下院議員（外交委員会アジア太平洋委員長）も出席し、熱心にメモを取っていたことです。こうした光景は、日本ではまず見ることができないでしょう。一民間組織の議論から現職の議員が勉強しようというのです。議員の真摯な姿勢は評価すべきですが、もうひとつ忘れてならないのは、シンクタンクがタイムリーな課題設定をし、その会合には、しかるべき専門家が駆けつけているという事実です。

実際に米国型シンクタンクの特質がわかる例をあげておきましょう。1つは外交問題評議会。外交関係者なら必ず読んでいる季刊誌フォーリン・アフェアーズを発行し、世界的に大きな影響を与え続けてきた組織です。この組織がスタディー・グループを立ち上げると有識者が手弁当で駆けつけるほどの求心力をもった組織です。筆者がワシントンに駐在したとき、2度ほど、この組織のスタディー・グループに参加することになりました。1つはアジア・スタディー・グループ、もう1つは日米安保スタディー・グループです。

国益に重大な影響が及びそうなテーマがあれば、すぐに勉強会を組織する機動力、それに多くの識者を集める求心力には感心したものです。アジア・スタディー・グループで経済関係の分科会座長を務めたのが、前出のブルメンソール氏で、このときはエール大で教えながら、出身のユダヤ人の歴史に関する本を書いているとのことでした。

外交問題評議会の日米安保スタディー・グループは緊張の連続でした。1995年の沖縄の少女レイプ事件を受け、日米安保についての疑念が日米双方から浮上しているときでしたので、問題の重要性は理解しているつもりですが、なにしろ会議の出席者はほとんど米国人ですから、会話は聞き取れないほどのスピードで、専門用語も頻繁に飛び交います。さらに驚いたのは、

第6章　メディアと世界

議論が具体的な戦略、戦術にわたっていることでした。このグループは超党派で、共同議長はハロルド・ブラウン（カーター民主党政権で国防長官）、リチャード・アーミテージ（ブッシュ前政権で国務副長官）の両氏でした。日本人の参加者は少ないのですが、時折、鋭い質問を投げかけられます。筆者に対してはブラウン氏が「朝鮮が統一されたら米軍は出て行かざるを得なくなるかもしれない。そうなったら、日本人は在日米軍基地に対してどのような態度を示すのだろうか」と聞くのです。普段考えたこともない問いで、さすがに世界の隅々にまで目を光らせる米国であると感心したものでした。

　日本に帰国後も、米国のシンクタンクとの付き合いは続きました。1つ紹介しておきましょう。コロラド州にあるアスペン研究所のことです。日米問題がテーマのセミナーによばれて1週間ほど、缶詰状態で議論したのですが、30人ほどの参加者に混じって、ひとりお年寄りが毎日、参加していることに気がつきました。後で聞くと、近所の方で退職後、資金を有効に使おうとこの研究所に寄附したところ、見返りにすべてのイベントに参加できることになったそうです。ただ、発言はできないとのことでした。このような篤志家の存在こそ、米国のシンクタンクが影響力をもつ秘密なのでしょう。これからの日本の政策形成を考えるうえで重要なことです。

Column　地域創生のモデルを示そう

　「課題先進国」という言葉がよく使われるようになりました。日本は米国や英国と同じように先進国といわれていますが、いろいろな課題に世界の中でも早く直面しているという意味でも先進国なのです。この言葉には、日本が課題に上手く立ち向かい問題を解決できれば、世界に範を示せるという思いも込められているのでしょう。

とくに重要な課題は少子高齢化への対応です。高齢化自体は医学の発達で寿命が延びた結果でもあり、喜ぶべきかもしれません。しかし、少子化をともなうと、これからの若者たちがお年寄りを支えきれなくなる可能性があるのです。かつては、一人のお年寄りを多くの若者で支えたので「胴上げ型」だったといわれています。それがどうでしょう。やがて騎馬戦型になり、さらに肩車型になってしまうとしたら、若い人たちは大変です。

　この少子高齢化の問題を地域で解決してゆこうと日本各地でさまざまな取り組みがおこなわれるようになりました。よくマスコミで取り上げられるのは、徳島県上勝町の「いろどりビジネス」です。料理の盛り付けの際に使われる色とりどりの葉をお年寄りが育て全国に出荷し、一躍有名になりました。

　筆者が勤める関西学院大学のキャンパスは兵庫県の三田市にありますが、ここでも地域活性化の取り組みが始まりました。この地域は大阪や神戸に近く、ベッドタウンとして開発され、1990年代前半には人口増加率が全国一でしたが、その後、平成不況の影響もあって、そのペースも鈍っています。かつて中年だった人が年を取り高齢者の仲間入りをすることになるのは当然でしょう。いま三田市は急速な少子高齢化という問題に直面しているのです。

　そこでこの地域の産官学の各界が協力して問題解決に乗り出しました。大学としては自分たちが持つ技術と地域の人材、とくに高度な技術を持つ人々（高度シニア人材と名づけています）を結びつけて新しいビジネスを生み出そうと考えたのです。各界、そしていろいろな分野を掛け合わせるという意味で「融合のイノベーション」と呼ぶことにしました。「三田モデル」がやがて全国でそして世界で話題になる日が来るかもしれません。

4 メディアの将来

構造変化

メディアの世界で35年間、仕事をし、その後も立場を変えてこの業界を観察している身として、自らの経験を伝えることで後進のジャーナリストやメディアの利用者の参考にしていただきたいという思いで、この節を書くことにしました。

新聞やテレビは最近ではオールド・メディアなどとよばれることがあります。この世界で大きな変化が起きていることは誰しもが認めるところでしょう。すべての始まりは情報技術の革新とそれにともなうインターネットの普及です。

皆さんはどうやってニュースなどの情報を入手していますか。そう問いかけると、最近ではほとんどの人がネットと答えます。新聞を有料で購読するより得で、アクセスが容易であれば当然かもしれません。かつて、紙の媒体が主流だったころ、テレビが登場し、やがて新聞や雑誌はつぶれるといわれたことがありました。それでも大きな影響はなかったので、ネットの影響もその程度だろうと考えられたこともあります。ですが、いまや、その影響の甚大さを理解しない人は皆無というべきでしょう。

筆者がロンドンに駐在していた時代のことです。英国を代表するフィナンシャル・タイムズの社長、オリビエ・フルーロ氏と朝食を取りながら話したとき、彼はこう言いました。「インターネットはこれまでのニュー・メディアとはまったく違う。既存のメディアのすべてに代替できる」と。たしかに、ネットは新聞にもなるしテレビにもなるのです。そして大量の情報を安価に、かつ迅速に送ることができるのです。

本来なら報道機関にとって実に望ましい時代の到来というべきです。読者に正確な情報を大量に、しかも迅速に提供できるのですから。ところが、これまでのところ、新聞やテレビの経営者たちはインターネットのニュース・サイトを脅威とみなし、戦々恐々としているようにみえます。これは新しいサービスを有効に活用できない限界を自ら認めているようなものではないでしょうか。

筆者は強い危機感を抱くようになりました。報道機関の重要な使命は権力の監視です。英語でいえば、ワッチ・ドッグ（番犬）の役割です。ネット時代の到来とともに経営の屋台骨を揺るがされれば、当然ながらコストを削減しなければならず、結果として記者の活動に重大な支障をきたすことにもなりかねません。権力の監視が民主主義の発展に重要であるとすれば、報道機関の経営悪化は新聞やテレビというマスコミ業界だけの問題ではなくなります。民主主義社会にとって由々しき問題といわざるを得ません。

　2015年、米国で製作された2つの報道関連の映画が日本でも話題になりました。ひとつは「スポットライト」、もうひとつは「ニュースの真相」です。ともに、いわゆる調査報道の重要性を訴えた力作でした。この2つの映画が作られること自体、メディア関係者の危機感の表れという気がします。

新しいビジネス・モデルの構築

　ではどうしたら、よいのでしょうか。そのヒントはやはり、ディア先進国の米国にあります。米国では商業新聞が経営悪化に苦しむ中、NPO形態のネットメディアが発展してきました。寄附文化の根づく国ですから、NPOへの寄附は半端なものではありません。NPO形態のメディアの中には既存メディアの優秀な記者を高給でスカウトする動きも出ています。

　報道機関の権力監視機能をこれまでの商業形態で維持できないとすれば、新しいモデルを考えなければなりません。そのひとつがNPOジャーナリズムです。ほかにも一般の人々の参加を前提とした市民ジャーナリズムの方向や、大学のメディア関連学部・学科との連携という方法も考えられるでしょう。さらに、地方紙のように地域のオーガナイザーとしての機能を活用して経営を維持しながら、地道な調査報道を続けるところも出てくるでしょう。これから新しいビジネス・モデルが次々に誕生することを期待したいものです。

　日本のメディアの限界にも触れておかなければなりません。なにより、グローバル化・国際化の遅れが問題です。世界を見渡して、成長しているメディアはグローバル言語である英語による発信を続けているところです。フィナンシャル・タイムズ紙しかり、エコノミスト誌しかりです。翻って、

第6章　メディアと世界

日本のメディアはどうでしょうか。英語での発信をしているとはいえ、細々としたものです。しかも翻訳や、ネイティブによるチェックのコストがかかり、とても欧米のメディアに対抗できるものではありません。

　日本のメディアは海外に記者を派遣し、日本に記事を送らせていますが、これが国際化、グローバル化なのでしょうか。残念ながらまったくといっていいほど違います。グローバルなメディアとは、それこそグローバルなスタンダードで勝負しなければなりません。英語で発信してこそ、グローバル・メディアなのです。グローバル化した日本の新聞では、たとえばワシントン支局長が日本人である必要はないのです。むしろ日本の新聞社が英語で発信し、記者は日本人以外の人々が担うのが当然という時代が来なければなりません。

　日本のメディアの国際化を考えるうえで、日本経済新聞社によるフィナンシャル・タイムズ買収は、象徴的ではありました。言語の壁をそう簡単に乗り越えられない以上、英語圏のメディアを買収し、それによって世界のメディアと競争する道しかないのかもしれません。

メディアとの付き合い方

　メディアの構造変化を理解していただいた前提で、グローバル人材を目指す若者に若干のアドバイスをしたいと思います。

　第1に、複数のメディアを常時、チェックすることの重要性です。マスコミ報道の客観性はあるようでいて、実はありません。みな、記者や編集者の主観を経ているのです。とすれば、ひとつのメディアに頼ることの危険はよくわかるでしょう。国際情勢に関する記事で、日本のメディアのみから情報を得るのも考えものです。理想は、特定のテーマについて、海外を含めた複数のメディアの報道を比較することです。

　筆者は、海外メディアのうちテレビではCNNとBBC、新聞ではフィナンシャル・タイムズ、週刊の雑誌ではエコノミスト、季刊ではフォーリン・アフェアーズの記事に注目しています。

　第2に、新聞の読み方についてですが、毎日読むというだけではまだ十分ではありません。重要テーマを中心に、記事を切り抜いて整理すべきです。

195

そうしてこそ、初めて頭に入るものです。できれば、自分の言葉で解説できるようになることが望ましいと思います。新聞は昔と違って、新しい出来事を知るというメディアではなくなりつつあります。むしろ「考える材料」であり、社会の関心事を知っておく便利な道具なのです。

　第3に、民主主義を支える報道機関を、読者が支えてゆくという姿勢が大事なのではないでしょうか。権力監視をほかの方法でできるなら別ですが、現時点ではなお、新聞やテレビの役割は重要です。新しい手法が開発されるまでは、既存メディアの権力監視をサポートするほかはないと考えますが、いかがでしょうか。

5　まとめ──グローバル人材へのアドバイス

　これまで筆者の経験をもとにメディアの世界やその役割などを説明し、それらを今後グローバルな舞台で活躍する若者へのアドバイスとしたつもりです。最後にまとめをかねて、もう一度、重要な点を記しておきましょう。3つの点に絞りました。

積極姿勢

　まず、何ごとも積極的に取り組むことです。あたりまえのように聞こえるかもしれませんが、意外に難しいものです。具体的にいえば、まず先手必勝を自覚してください。何ごとも、早めに取り掛かれば、成果も出やすいものです。会議に一番乗りすれば、皆に挨拶できるでしょう。好感をもたれるのも請け合いです。上司へのレポートを誰よりも早く提出するというのも先手必勝です。

　ちょっとしたところにも縁があるものです。それに気がつき、生かす発想が必要でしょう。いつもそういう意識でいれば、必ず、運と縁が付いてくるものです。

　進むか留まるか迷ったら、「進む」を選んだほうがよいでしょう。どちらにしても大差はないのですが、積極的に動いたほうが力も出て、実りも大きくなるものです。何かを得ようと思ったら、待っているだけではいけませ

ん。自ら動くことです。

コミュニケーションの作法

国内であろうと海外であろうと、人と人との付き合いの原則はそう変わる
ものではありません。面接にしても、原稿の執筆にしても、受け手のことを
考え、その立場にならなければ、的確な対応はできないでしょう。相手に思
いをはせること、言葉を換えれば、相手の心に寄り添うことがコミュニケー
ションの基本です。一言でいえば、思いやりこそすべての基本です。

姿勢も大事です。第一印象は多くを決めますが、その第一印象を左右する
のは姿勢ではないでしょうか。姿勢がよければ、歩き方もよくなり、お辞儀
もきれいに決まるでしょう。顔も明るくみえ、声も通りやすくなります。肉
体的な姿勢は精神の姿勢にも通じるのではないでしょうか。

危険も理解する

グローバルな活動はよいことだけとは限りません。危険もともなうことを
理解すべきでしょう。日本はいろいろな意味で安全だといわれますが、とい
うことは一歩、海外に足を踏み出せば、より危険な状況に遭遇する可能性は
あるのです。それがグローバル化の重要な側面というべきでしょう。日本に
いるとき以上に用心しなければなりません。そうすること自体がグローバル
人材への過程なのです。

■引用文献
小池洋次（1993）『アジア太平洋新論』日本経済新聞社
―――（1998）『政策形成の日米比較』中央公論新社
―――編著（2010）『政策形成』ミネルヴァ書房
―――（2012）『知の仕掛け人』関西学院大学出版会
―――監訳（2014）『リー・クアンユー　未来への提言』日本経済新聞出版社

| 資 料 | 関西学院大学総合政策学部 |

Global Career Program(GCaP)について

◆プログラムの特徴
どのような人材を育てるのか？

GCaPは、将来国連をはじめとする国際機関、JICA、国際NGO、開発コンサルタントなどの国際開発専門職門職や、社会貢献活動やグローバルなビジネスの分野で活躍を志す学生に対して、グローバル化に対応できる国際競争力を持った人材を育成する総合政策学部独自の少人数制プログラムです。総合性だけではなく、国際協力、社会貢献、メディア情報、都市政策など、総合政策学部の特色を活かした特定領域でグローバルに活躍できるスペシャリストに必要な礎となる教養や専門的知識を習得することができます。さらに、海外留学や途上国フィールドワークに参加することで、課題解決力や政策応用力を培い、高度な実践英語能力、高度なコミュニケーション・スキルを身につけることを目指しています。GCaPは、すべて神戸三田キャンパスで開講されます。本プログラムを担当する教員は、元国際公務員、元外交官、国際ビジネスなどの現場で、長く海外実務経験を積んだ総合政策学部の教員です。

◆GCaPへの登録

GCaPへの登録は、1年次の学業成績（GPA）と英語スコア（TOEFL）が要件を満たしている必要があります。

GCaPを履修する学生は、自ら履修授業表を参考に、将来のキャリアパスを意識して、大学2年生からスタディ・プランを立てます。卒業まで段階的に、グローバルキャリアを築く上で礎となる知識や教養を身につけ、実践的なスキルや経験を習得し、国際社会で活躍する将来のキャリアの基盤を築くことができます。メンター制度を導入しており、プログラム担当教員がメンターとなって学生一人一人の学習プランの設計をサポートします。現GCaP生の多くが、将来海外の大学院への留学を志望しており、留学に向けての実践的な指導も行います。実践的な学習方法やキャリアアドバイスをもらう機会を通して、現実的かつ着実に自身の将来の目標へと進むことができる、それがこのプログラムの大きな特徴です。

◆少人数合同演習

毎学期開講されるGCaP生の合同演習は、学年を超えた少人数で実施します。実際の国際問題のケースを用いて、課題設定や政策立案の方法を学び、問題解決能力を養うトレーニングを行います。英語によるディスカッションやレポートライティングスキル、プレゼンテーション能力の向上を目指し、より高度な対人関係スキルや多角的な問題思考力を集中的に鍛えることもできます。

GCaP合同演習
2016-2017年度のテーマ例

国際紛争の理論と歴史、Education and sustainable development、中国人民元をめぐる問題と展望、Universal health coverage、国際NPOとグローバル・メディア、グローバル人材を目指す人が知っておきたい経済学の基礎知識、などが演習のテーマ例です。
＊取り扱うテーマは毎学期変わります。

◆プログラム修了要件

　本プログラム指定の40科目から修了要件に従って計30単位を修得し、かつ修得した30単位の平均GPAが2.8以上であることが必須です。また、英語力に関しては、TOEFL ITP550、TOEFL iBT79、TOEIC800のうち、いずれかのスコアを取得するとプログラムの修了証書が授与されます。個人のペースで、プログラムを進めていくことができ、早い人で3回生の秋学期に修了証書がもらえ、就職活動の際に、自分の成果を伝えることができます。

◆GCaP生による主体的な取り組み

　GCaP生は、総合政策学部学生の研究発表の場である「リサーチフェア」で、自分が関心のあるテーマについてリサーチし英語で研究発表を行う機会が与えられます。さらに、自身が参加した海外プログラムを学習報告会で発表するなど、学生時代の成果を発表する多くの機会を通して、プレゼンテーション能力、表現力や論理力を鍛えることができます。また、学年を越えGCaP生と教員が集まるランチ・ディスカッションなどGCaP生自ら主体的に企画し、コミュニケーション・スキルやリーダーシップ・スキルを磨くことができます。

◆卒業後のフォロー・同窓生ネットワーキング

　国際的なキャリア目標の実現には、卒業後も継続的な支援が必要です。卒業後も、現GCaP生や教員とのネットワークを図り、様々な交流の機会や学習の機会を設けます。卒業後も自身の長期的なキャリア目標を実現するために、担当教員が継続的にサポートします。

　プログラム詳細については学部HP〈http://www.kwansei.ac.jp/s_policy/s_policy_010280.html〉をご覧ください。

グローバルキャリアのすすめ
—— プロフェッショナル講義

2018 年 3 月 15 日 初版第一刷発行

編　著　小西尚実

発　行　関西学院大学総合政策学部
発　売　関西学院大学出版会
所在地　〒 662-0891
　　　　兵庫県西宮市上ケ原一番町 1-155
電　話　0798-53-7002

印　刷　大和出版印刷株式会社

©2018 Naomi Konishi, Keiko Nishino, Shun-ichi Murata, Ichiro
Inoue, Masakazu Sakaguchi, Hirotsugu Koike
Printed in Japan by Kwansei Gakuin University Press
ISBN 978-4-86283-253-5
乱丁・落丁本はお取り替えいたします。
本書の全部または一部を無断で複写・複製することを禁じます。